Hubert Böke · Lene Knudsen-Böke · Monika Müller

Trauer ist ein langer Weg

Lene Knudsen-Böke
Koordinatorin im ambulanten »Hospiz Leverkusen e.V.«
Trauerberaterin

Hubert Böke
evangelischer Pfarrer, Klinikseelsorger, Trauerberater,
Supervisor

Monika Müller
Leiterin der Ansprechstelle im Land NRW zur Pflege Sterbender,
Hospizarbeit und Angehörigenbegleitung (ALPHA Rheinland)
Psychotherapeutin und Supervisorin

Mit einem Beitrag von Dr. med. Kriemhild Synder
Fachärztin für Neurologie, Psychiatrie und Psychotherapie
Psychotherapeutin in eigener Praxis

Die Deutsche Bibliothek – CIP-Einheitsaufnahme

Trauer ist ein langer Weg / Hubert Böke; Lene Knudsen-Böke; Monika Müller.
- Düsseldorf, Patmos, 2000
ISBN 3-491-70323-9

© Patmos Verlag Düsseldorf
Alle Rechte, einschließlich derjenigen des auszugsweisen Abdrucks
sowie der fotomechanischen und elektronischen Wiedergabe, vorbehalten
Reproduktion: RCS, Stadtlohn
Herstellung: Westermann Druck, Zwickau
1. Auflage 2000
ISBN 3-491-70323-9

Hubert Böke · Lene Knudsen-Böke · Monika Müller

Trauer ist ein langer Weg

PATMOS

Inhalt

Zum Geleit

»Manchmal hat man eine sehr lange Straße vor sich« ...

In der Trauer um einen geliebten Menschen ist »die Straße vor mir« unendlich lang, dunkel, ohne Ziel. Trauer ist eine Erfahrung, die Menschen in die tiefsten Tiefen hineinwirft, in bodenloses Dunkel und Sinn-losigkeit.

»Wird für mich jemals die Sonne wieder scheinen, wird der Gesang der Vögel mich noch einmal erfreuen?«

In tiefster Trauer macht nichts mehr einen Sinn. Nichts freut mehr, alles tut weh. Das Alltäglichste wird zur schweren Last. Gefühle werfen mich hin und her – wie Treibholz auf stürmischer See. Das Gefühl der Verlassenheit raubt alle Kraft. Vertraute Menschen sind sprachlos, halten die Trauer nicht aus, gehen ihre Wege.

Führt ein Weg heraus aus dem »tiefen Tal«? Kann der Weg der Trauer noch einmal in ein lebenswertes Leben zurückführen? Ist da ohne den geliebten Menschen noch Kraft, das Leben zu bestehen? In tiefer Trauer haben viele Menschen kein Bild, keine Ahnung davon, wie das Leben noch einmal einen Sinn finden kann.

Gibt es Rat und Hilfe auf dem »langen Trauerweg«, sind da heilende Kräfte, die ins Leben zurückfinden lassen? Die Autoren sind erfahrene Wegbegleiter auf der »langen Straße der Trauer«. Die Erfahrungen, Texte und Bilder dieses Buches wollen Ihnen Mut machen, den Weg Ihrer Trauer zu gehen und nicht aufzugeben.

Trauer ist ein langer Weg, und die Suche nach einem neuen Sinn für das eigene Leben ist schmerzliche »Arbeit«. Der Satz: »Zeit heilt alle Wunden« ist nur sehr begrenzt wahr. Die Erfahrung Trauernder zeigt, daß sich das Gefühl der Trauer im Laufe der Jahre verändert. Die Augenblicke der Bodenlosigkeit und des tiefen Schmerzes überkommen Trauernde seltener; die Augenblicke, in denen der Alltag erträglich wird, werden länger. Doch ist es nicht die Zeit, die Trauer verändert. Es ist seelische Arbeit, die dazu führt, daß ein Mensch sein Leben wieder zu leben vermag.

Trauern ist seelische Schwerstarbeit, erfordert die ganze Persönlichkeit, alle Kraft, allen Mut und ein Maß an Aushalten, das oft über alle Grenzen geht. In der Trauer begegnen Menschen sich in einer Weise, in der sie sich selbst fremd sind.: »Ich kenne mich so nicht – so schwach, so klein, so hilflos.«

Trauern ist seelische Schwerstarbeit. Irgendwann auf diesem Weg kommt eine Zeit der Entscheidung: »Will ich es noch einmal wagen, will ich mich noch einmal auf das Leben einlassen ?« Manches Mal sagt der Kopf »Ja«, und das Herz ist noch lange nicht bereit. Trauernde brauchen Geduld mit sich selbst. Jeder selbst gemachte oder von außen herangetragene Zeitdruck macht alles nur viel schwerer. Unser Buch will Sie begleiten auf dieser langen Straße der Trauer, will Ihnen Mut machen, zu Ihren Gefühlen und Erfahrungen zu stehen, will Sie einladen, Schritte zu tun auf Ihrem Weg.

Jeder Mensch erlebt seine Trauer anders, jeder Mensch hat seine ganz eigene Art und Weise – auch in der Trauer.

Das ist gut so. Vielleicht ist das Wichtigste auf dieser »langen Straße«, für mich herauszufinden, was mir selbst entspricht, was mir gut tut und was mir schadet. Trauernde haben zumeist viele Ratgeber. Mancher Rat kommt von Herzen, oft aber erweisen sich »gute Ratschläge« im wahren Sinne des Wortes als Schläge: »du mußt, du sollst, du darfst nicht«. Solch vermeintlich guter Rat kommt oftmals aus tiefer Ahnungslosigkeit und mangelndem Einfühlungsvermögen. Manchmal aber sind Ratschläge einfach auch Abwehrstrategien, um Trauer und den Trauernden von sich fern zu halten.

Ein Gespür für das zu finden, was mir gut tut und was mir schadet, der »inneren Stimme« vertrauen zu lernen und den eigenen Weg zu gehen ist der beste Kompaß durch die Trauer.

Unsere Texte und Erfahrungen wollen dazu ermutigen.

Eine besondere Anregung will Ihnen unser Buch geben. Unsere Erfahrung als Begleiter in der Trauer zeigt uns, daß ein ganz wichtiger Schritt auf dem Weg seelischer Trauerarbeit das Erinnern und das »Verinnerlichen« des gemeinsam gelebten Lebens ist.

Hermann Hesse hat diese Seelenarbeit beschrieben:

»Schmerz und Klage sind unsre erste, natürliche Antwort auf den Verlust eines geliebten Menschen. Sie helfen uns durch die erste Trauer und Not, sie genügen aber nicht, um uns mit dem Toten zu verbinden.

Das tut auf primitiver Stufe der Totenkult: Opfer, Grabschmuck, Denkmäler, Blumen. Auf unserer Stufe aber muß das Totenopfer in unserer eigenen Seele vollzogen werden, durch Gedenken, durch genaueste Erinnerung, durch Wiederaufbau des geliebten Wesens in unserem Inneren. Vermögen wir dies, dann geht der Tote weiter neben uns, sein Bild ist gerettet und hilft uns den Schmerz fruchtbar zu machen.«

Grabschmuck, Denkmäler und Blumen achten wir für die gelebte Trauer nicht gering. Sie gehören, so meinen wir, als natürlichster Ausdruck der Empfindungen zur Trauer hinzu. Wichtig an Hesses Gedanken aber ist uns dies: »Durch Gedenken, durch genaueste Erinnerung, durch Wiederaufbau des geliebten Wesens in unserem Innern« vermag die Seele den Menschen, um derentwillen sie trauert, im eigenen Inneren wiederzufinden. Der, von dem wir durch den Tod haben Abschied nehmen müssen, wird uns zum »inneren Wegbegleiter«.

Das Widersprüchliche und Paradoxe ist, daß diese Erfahrung erst möglich wird, wenn ich den geliebten Menschen »gehen lasse«, ihn nicht mehr zurückhalten, zurückrufen will. Erst der, von dem ich Abschied genommen habe, kann in meiner Seele wiederkehren (s. S. 53 f.) Das »Gehenlassen« mag das »Totenopfer« sein, von dem Hermann Hesse spricht; der »Wiederaufbau des geliebten Wesens im Inneren« ist es, was den Schmerz der Trauer fruchtbar macht.

Erinnern und »Verinnerlichen« ist eine wichtige, ständige Arbeit der Seele: »Alles erinnert mich an ihn, an sie.« Dies ganz bewußt zu tun, lädt unser Buch Sie ein. Wir möchten Sie dafür »gewinnen«, Ihr eigenes Buch zu schreiben und zu gestalten (S. 100 f.). Der Titel könnte lauten: »*Meine Lebensgeschichte mit Dir*«

Es wird nichts mehr so sein, wie es einmal war. Das ist so und das ist schmerzlich. Doch möchten wir Ihnen von Herzen wünschen, daß der Tag kommen wird, an dem Sie noch einmal spüren, daß Ihr Leben lebenswert ist, daß es Sinn macht, zu leben, zu lieben, zu kämpfen, Neues zu entdecken, Aufgaben anzunehmen. – Ihre Liebe aber wird im Herzen mit Ihnen gehen.

Möge der Tag kommen, an dem die Sonne auch für Sie wieder scheint und der Morgengesang der Vögel Ihr Herz berührt.

Hubert Böke, Lene Knudsen-Böke, Monika Müller

Ich will klagen in der Betrübnis meiner Seele

»Wenn man doch meinen Kummer wägen
und mein Leiden auf die Waage legen wollte!
Denn nun ist es schwerer als der Sand am Meer.

Darum will ich auch meinem Mund nicht wehren.
Ich will reden in der Angst meines Herzens
und will klagen in der Betrübnis meiner Seele.

Was ist meine Kraft, daß ich ausharren könnte,
und was erwartet mich, daß ich geduldig sein soll?
Ist doch meine Kraft nicht aus Stein
und mein Fleisch nicht aus Erz.

Habe ich denn keine Hilfe mehr,
und gibt es kein Erbarmen mehr für mich?«

aus dem Buch »Hiob«

Manchmal hat man eine sehr lange Straße vor sich

Von Beppo, dem Straßenkehrer, erzählt Michael Ende:

Wenn er so die Straßen kehrte, tat er es langsam, aber stetig: Bei jedem Schritt einen Atemzug und bei jedem Atemzug einen Besenstrich. Schritt – Atemzug – Besenstrich. Schritt – Atemzug – Besenstrich. Dazwischen blieb er manchmal ein Weilchen stehen und blickte nachdenklich vor sich hin. Und dann ging es wieder weiter – Schritt – Atemzug – Besenstrich.

Während er sich so dahinbewegte, vor sich die schmutzige Straße und hinter sich die saubere, kamen ihm oft große Gedanken. Aber es waren Gedanken ohne Worte, Gedanken, die sich so schwer mitteilen ließen wie ein bestimmter Duft, an den man sich nur gerade noch erinnert, oder wie eine Farbe, von der man geträumt hat. Nach der Arbeit, wenn er bei Momo saß, erklärte er ihr seine großen Gedanken. Und da sie auf ihre besondere Art zuhörte, löste sich seine Zunge, und er fand die richtigen Worte.

»Siehst du, Momo«, sagte er dann zum Beispiel, »es ist so: Manchmal hat man eine sehr lange Straße vor sich. Man denkt, die ist so schrecklich lang; das kann man niemals schaffen, denkt man.«

Er blickte eine Weile schweigend vor sich hin, dann fuhr er fort: »Und dann fängt man an, sich zu eilen. Und man eilt sich immer mehr. Jedesmal, wenn man aufblickt, sieht man, daß es gar nicht weniger wird, was noch vor einem liegt. Und man strengt sich noch mehr an, man kriegt es mit der Angst, und zum Schluß ist man ganz außer Puste und kann nicht mehr. Und die Straße liegt noch immer vor einem. So darf man es nicht machen.«

Er dachte einige Zeit nach. Dann sprach er weiter: »Man darf nie an die ganze Straße auf einmal denken, verstehst du? Man muß nur an den nächsten Schritt denken, an den nächsten Atemzug, an den nächsten Besenstrich. Und immer wieder nur an den nächsten.«

Wieder hielt er inne und überlegte, ehe er hinzufügte: »Dann macht es Freude; das ist wichtig, dann macht man seine Sache gut. Und so soll es sein.«

Und abermals nach einer langen Pause fuhr er fort: »Auf einmal merkt man, daß man Schritt für Schritt die ganze Straße gemacht hat. Man hat gar nicht gemerkt wie, und man ist nicht außer Puste.«

Er nickte vor sich hin und sagte abschließend:

»Das ist wichtig.«

Klage Psalm

Mir ist so schwer, Herr,
in meinem Keller
der Einsamkeit
umgibt mich
lähmendes Entsetzen;
das Nichts macht sich breit
und erobert mich seit Wochen
mehr und mehr.

Auf welcher glückselig
heitren Insel habe ich
gesessen,
bis daß es kam,
das Wort,
das Schwert,
und schnitt mir
tief ins Fleisch.

So jung das Leben,
das geopfert werden soll.
So machen alle sich bereit
zum Kampf,
zücken die Messer,
Pillen, Säfte,
das Gift, es fließt
nur so in dich hinein, –
und mir zerfrißt
es grausam meine Seele.

Was haben wir getan,
daß es uns traf?
Der Sturz,
so grundlos tief,
das Licht verändert sich
im Fallen.
Was nützt das Fragen nach dem Sinn,
der Zweifel bohrt,
so sage mir, gibt es
den denn?
So wäre ich getröstet,
wär'n Zufall und Chaos gewichen.

Und war es nicht genug
der Grausamkeit, dem Kind
das Leben fast zu nehmen?
Nein, jetzt hast du
es fallenlassen,
das Schwert der
Einsamkeit;
mir alle Freunde
weggerissen,
mich jeder mitgeweinten
Träne auch noch
beraubt.
Warum auch das noch,
frage ich.
Und wieder keine Antwort.

Ich könnte toben,
rasen, schreien,
zerschlagen alles
um mich rum,

an Tränenströmen fast ersticken,
doch besser alles das
als diese
schrecklich dumpfe
Kälte.

O Herr, so nimm
mich denn in deine Arme,
bring Licht und Weite
mir,
erlaube mich mit
meiner Angst, mit
meinem Schrecken und der Not.
Die Ahnung wächst
als leiser Strahl,
es gibt einen Weg,
im Dunkeln noch;
doch folgen will ich seinem Locken.

Vielleicht geht Leben weiter;
unendlich an der Zahl
die Toten,
die Trauer türmt sich
hoch,
doch aus dem Tod
erwächst das Leben,
und Wind geht hin und her
und weiter.
Ich will versuchen
mich zu wiegen
und Teil zu sein
von Werden und Vergehen.

Silke Gross

Vom langen Weg der Trauer und der schmerzlichen Suche nach neuem Sinn

Trauer ist eine zutiefst persönliche Erfahrung. Jeder Mensch lebt sein Leben auf seine Weise, und er trauert auch auf seine ganz persönliche Weise.

Zugleich aber ist Trauer eine zutiefst menschliche Erfahrung, eine Erfahrung, die wir Menschen durchlebt und durchlitten haben, seit es uns gibt. So gab es zu allen Zeiten Riten und Gebräuche, die Menschen in ihrer Trauer auffingen.

In unserer Zeit und Kultur gibt es jedoch kaum noch allgemein gültige Trauerriten, die den Weg durch die Trauer begleiten könnten. Jeder ist darauf angewiesen, für sich persönlich herauszufinden, was in der Trauer schützt und hilft. Das ist eine große Herausforderung für den einzelnen. Immer mehr Trauernde suchen deshalb heute auch Rat und Unterstützung bei Ärzten, Psychotherapeuten, Seelsorgern und Trauerbegleitern.

Da die alten Trauerriten heute kaum noch tragen, haben berufliche Begleiter Theorien der Trauer und des »Trauerprozesses« entwickelt. Sie dienen dem Therapeuten dazu, die Trauer des Betroffenen besser zu verstehen und zu begleiten. Insofern helfen alle Modelle des »Trauerprozesses« zunächst einmal dem Begleiter.

Dem Betroffenen können sie vor allem da helfen, wo er sieht, daß seine persönlichen Erfahrungen den Erfahrungen anderer verwandt sind. Viele Trauernde verzweifeln an sich selbst, fragen sich: »Bin ich noch normal? So kenne ich mich doch gar nicht, so klein, so schwach, so hin- und hergebeutelt von Gefühlen und Schmerz.« Es ist gut zu erfahren, daß all diese Gefühle zur Trauer dazugehören, daß auch andere sich so erleben. In unseren Seminaren mit Trauernden ist es oft schon eine Entlastung zu hören, daß ich mit meiner Trauer nicht alleine bin auf der Welt. Es nimmt nichts von der Tiefe der Trauer, aber es ist wichtig zu erleben, daß auch andere in diesem »Ausnahmezustand« leben.

Die moderne Beschreibung der Trauer in Phasen, Spiralen und den dazugehörigen Traueraufgaben ist eine wichtige Hilfe für unsere Zeit. Sie ist aber zunächst immer Beschreibung »von außen«, aus der Sicht des Therapeuten und Begleiters.

Mit unserem Buch wollen wir Sie zu einer »Innensicht« einladen, wollen Sie mit erlebter Trauererfahrung in Berührung bringen.

Labyrinthwege

Eine uralte menschliche Erfahrung ist die Erfahrung des Labyrinthes. Seit Jahrtausenden wird dieses Urbild in Felsen und Ton geritzt, mit Steinen auf der Erde ausgelegt, in Handschriften gezeichnet und auf Münzen geprägt, in christlichen Kathedralen des Mittelalters als Bodenmosaik gestaltet. Das Labyrinth ist ein uraltes Sinnbild für das Geheimnis und Rätsel des menschlichen Lebens. In ihm verdichtet sich die Erfahrung hunderter Generationen: Die Wege der Menschen gleichen einem Labyrinth.

Wir meinen, daß die Labyrintherfahrung gerade in der Trauer von großer Bedeutung ist. Bevor wir Sie nun einladen, auf diesen uralten Wegen mitzugehen, wollen wir die alte Geschichte von Theseus, Ariadne und dem Minotauros erzählen:

Im Labyrinth von Knossos hält der König von Kreta das ungeheuerliche Stier-Mensch-Wesen, den Minotauros, verborgen. Alle neun Jahre muß das tributpflichtige Athen dem Minotauros sieben Jungfrauen und sieben junge Männer zum Opfer schicken. Bei der dritten Auslosung der Opfer begibt sich der junge Königssohn Theseus freiwillig an Bord des Schiffes nach Kreta. Mit schwarzen Segeln sticht das Schiff in See. Bei glücklicher Rückkehr verspricht Theseus seinem Vater, ein

weißes Segel zu setzen. Bei Wettkämpfen, die der Opferung vorange-
hen, tut Theseus sich besonders hervor. Die kretische Königstochter
Ariadne verliebt sich in den Athener Prinzen und steckt ihm vor sei-
nem Gang ins Labyrinth ein Schwert und ein Fadenknäuel zu. The-
seus dringt in die Mitte des Labyrinthes vor und besiegt den Mino-
tauros. Mit Hilfe des vorher ausgerollten Fadens findet er den Weg
zurück. Gemeinsam mit Ariadne und den Athener »Opfern« flieht
Theseus von Kreta. Als Held kehrt er nach Athen zurück.

Wir laden Sie nun ein, Ihre eigene Erfahrung mit dem Labyrinth zu machen. Lesen Sie zunächst diese Einführung:

Fahren Sie den Weg des hier abgebildeten Labyrinthes ganz lang-sam nach. Lassen Sie sich viel Zeit dafür. Sorgen Sie auch dafür, daß Sie nicht gestört werden können.

Spüren Sie in sich hinein. Es ist ein langer Weg ins Labyrinth hin-ein. Verweilen Sie da, wo sie spüren, es sei gut.

Gibt es Orte auf dem Weg ins Labyrinth, an denen ein Bild, eine Erinnerung, ein besonderes Gefühl in Ihnen aufsteigt? Was emp-finden Sie, wenn Sie in der Mitte des Labyrinthes angelangen?

Vergessen Sie nicht, den Weg zurückzu»gehen«. Lassen Sie sich auch dafür Zeit und achten Sie auf Ihre Gefühle.

Wie ergeht es Ihnen, wenn Sie das Labyrinth verlassen? Ein letz-ter Rat: Legen Sie sich Stift und Papier zurecht. Vielleicht wollen Sie sich nach Ihrer »Reise« Notizen zu Ihren Empfindungen machen, vielleicht auch ein Bild dazu malen.

Wir haben die Erfahrung gemacht, daß Menschen sehr verschie-den empfinden, wenn Sie einem solchen Weg nachspüren. Die einen »gehen« ihn mit Neugier, andere mit innerer Abwehr. Es kann auch sein, daß Sie bei Ihrem ersten »Gang ins Labyrinth« wenig gespürt haben. Sie können das »Experiment« zu anderer Zeit wiederholen – wie immer, es ist Ihre persönliche Erfahrung.

Treten Sie nun ein in das Labyrinth:

Wir wollen nun mit Ihnen gemeinsam diesen Labyrinthweg noch einmal nachgehen und eine besondere Frage im Auge behalten: Was hat dieser Weg durch das Labyrinth mit der Erfahrung der Trauer zu tun?

Trauer ist ein langer, ein schmerzlicher Weg, ein Weg mit vielen Windungen. Ich weiß nie, was mich hinter der nächsten Wegkehre erwartet. Ich weiß nicht einmal, ob dieser Weg irgendwohin führt. Oft habe ich nicht einmal die Kraft für den nächsten Schritt. Ich könnte mich nur hinsetzen und heulen, die Bettdecke über den Kopf ziehen, nichts mehr hören, sehen, fühlen. – Könnte nur alles wieder so sein, wie es einmal war. Manchmal denke ich, daß alles nur ein Alptraum ist, daß das alles nicht wahr sein kann. Aber da ist keiner, der mich aufweckt. – Dann kommt wieder ein Augenblick, und ich meine: Es geht. Es geht wieder ein Stück weiter auf dem Weg! Irgendwie komme ich da wieder heraus! – Die nächste Wegkehre kommt. Ich werde wieder weit nach außen getragen. Ist es bald besser? Oder führt die nächste Biegung nur noch tiefer in die Trauer hinein? Wann kommt der Weg ans Ende? Schaffe ich das überhaupt? Gibt es für mich noch einen Weg?

Im Herzen der Trauer

Der Weg des Labyrinthes führt unweigerlich ins Zentrum, in die Mitte. Tief in meiner Seele weiß ich das. Nur sträubt sich alles in mir. Vielleicht ist es auch dem heldenhaften Theseus nicht anders ergangen? Vielleicht hatte auch er eine lähmende Angst? Er hatte sein Schwert, was habe ich?

In der »Mitte« wartet der Minotauros, dieses Ungeheuer, dem keiner sich freiwillig stellt. Im Zentrum des Labyrinthes lauert die tiefste Trauer, das Auge des Sturms, das Herz der Wüste. Weiter kann ich nicht mehr entfernt vom Leben sein.

Es ist der Ort, den jeder Trauernde meidet und der doch keinem erspart bleibt. Es ist der Ort, an dem ich meiner Trauer begegne »von Angesicht zu Angesicht«. Es ist die Zeit, in der ich tief in meiner Seele spüre, daß mein Verlust »unwiederbringlich« ist. Es ist der Augenblick, in dem ich weiß, daß der Mensch meiner Liebe nicht mehr wiederkehrt – nicht mehr in diesem Leben. Diese Endgültigkeit ist die tiefste Tiefe der Trauer, die dunkelste Dunkelheit.

Wie kann ein Mensch diesen Schmerz überleben, wie kann er dieser großen Einsamkeit standhalten, wie kann er »seinen Minotauros« überwinden?

Theseus hatte sein Schwert. Was habe ich in meiner Schwachheit und Verlorenheit in dieser Höhle des Schmerzes?

Vielleicht ist mein »Schwert« die Kraft, das Unabwendbare aus-

zuhalten, zu sagen: »Es ist so, und ich kann es nicht mehr wenden; es ist unser Schicksal, und ich muß es annehmen.« Der Minotauros meiner Trauer ist nicht mit Gewalt zu besiegen, nicht mit positiven Vorsätzen, nicht mit Flucht, nicht mit Illusionen. Die Annahme des Unausweichlichen ist kein Sieg, schon gar nicht über meine Trauer – sie wird mit all ihren Schmerzen weiter mit mir gehen. Aber sie kann ein Wendepunkt werden, der Anfang meines Rückweges aus dem Labyrinth.

Der Weg der Trauer ist lang. Die Seele braucht unendlich viel Zeit zu begreifen, den großen Verlust hinzunehmen. Es wird viele Monate, es kann Jahre dauern, bis ich an diesem Ort in der Mitte des Labyrinthes ankomme, mich unwiderruflich dem Minotauros meiner Trauer stelle.

Die Menschen um mich herum, selbst die Gutmeinenden, denken schon lange: Jetzt ist ein halbes Jahr, jetzt ist ein Jahr, jetzt sind zwei Jahre vergangen, ich müßte längst wieder Boden unter den Füßen haben, längst wieder »funktionieren«. Und doch ist es meine schwerste Zeit, die Zeit »im Herzen meiner Trauer«.

Von diesem Ort Abschied zu nehmen, aus diesem Schmerz heraus wieder aufzubrechen, fällt vielen Trauernden schwer. Weil die Kraft nicht reicht. Und weil da ein Gedanke ist, der sie nicht loslassen will: Das Endgültige des Verlustes zu denken, den »Rückweg« anzutreten, gleicht einem Verrat an dem geliebten Menschen.

Das Seltsamste und Unergründlichste auf dem Weg der Trauer ist es, daß erst da, wo ich wirklich Abschied nehme, eine andere, große Wende ihren Anfang nehmen kann: Der Mensch, den ich liebe, der Mensch, von dem ich unwiderruflich Abschied nehmen muß, kann mir auf ganz neue Weise zum »inneren Gefährten« werden (s. S. 53 f.).

Der Rückweg

Der Rückweg aus dem Labyrinth der Trauer zurück ins Leben ist ein langer, ein schmerzlicher Weg. Auch hier mache ich die Erfahrung, daß ich manches Mal schon meine, der Ausgang sei nahe, nur um zu erleben, daß mich die nächste Wegkehre fast wieder »ins Herz der Trauer« zurückwirft. Ganz nahe vor dem Ziel, wieder ins Leben hinauszutreten, »es« noch einmal zu wagen, werde ich wieder zurückgeworfen – immer und immer wieder, so oft meine Seele mich zurückschickt, bevor sie mir erlaubt, das Labyrinth wirklich zu verlassen.

Wie lange aber kann ein Mensch das ertragen? Die Kraft reicht oft nicht einmal für einen Tag, eine Stunde. Wie soll ich nach all den inneren Kämpfen des Hinweges jetzt auch noch den Rückweg schaffen?

Wie hat Theseus den Rückweg geschafft? Mit Hilfe des Ariadnefadens! Was könnte mein Ariadnefaden sein? Oder bin ich in dieses Labyrinth geworfen und keine Ariadne hat mir einen Faden gegeben, der mich wieder herausführt?

Wozu brauche ich ihn denn, diesen Faden der Ariadne?

Der Weg selbst führt doch zurück. Ein Labyrinth ist kein Irrgarten. Es hat keine Sackgassen. Das, was mich aufhalten kann, ist stehenzubleiben, nicht weiterzugehen.

> »Bedenke:
> Ein Stück des Weges
> liegt hinter dir,
> ein anderes Stück
> hast du noch vor dir.
> Wenn du verweilst,
> dann nur, um dich zu stärken,
> nicht aber um aufzugeben.«
>
> *Aurelius Augustinus*

Wenn ich die Wege des Labyrinthes weitergehe, dann führt der Weg mich – mit all seinen Kehren und Umwegen – zum Ausgang. Ich muß ihn nur gehen: Schritt – Atemzug – Besenstrich.

Ist es eher eine Kraft, die Ariadne dem Theseus mitgegeben hat? Eine Stärke, die er braucht im Labyrinth? Ein inneres Wissen um den Weg?

Ariadnefaden und Leitstern

Lassen Sie uns an dieser Stelle die Zeichnung eines 42jährigen Mannes betrachten. Herr B. litt an einem unheilbaren Lungenkrebs. Ein Traum hatte ihm Klarheit gegeben über seinen bevorstehenden Tod. Die Ärzte bestätigten mit ihrer Diagnose seine Ahnung. In den 10 Tagen danach ist er für niemanden ansprechbar, weder für seine Familie noch für Ärzte und Schwestern. Aber er malt das auf der Seite 30 abgedruckte Bild.

Die Trauer mit ihren langen
und verhangenen Tagen
und noch mehr verweinten Nächten
ist eine Phase der Stummheit
und des belastenden Schweigens.
Es ist die Zeit des suchenden Tastens
in dunklen Räumen.

Hans Wallhof

Trauer kann man nicht überwinden
wie einen Feind.
Trauer kann man nur verwandeln:
den Schmerz in Hoffnung
die Hoffnung in tieferes Leben.

Sascha Wagner

Es ist das Bild eines Trauernden. Ein Mensch, der mitten aus dem Leben heraus gehen muß, ist ein Trauernder. Er muß von allem, was ihm lieb und wert ist, Abschied nehmen. Im Feuer seiner Gefühle ist er ohne Hände, ohne Mund – nicht mehr in der Lage, selbst zu handeln; hat keine Worte, seine Gefühle auszudrücken.

Sein Sohn meinte, als er das Bild des Vaters sah, daß er auf einer Reise in seiner inneren Welt unterwegs sei. Seine Frau äußerte ihren Eindruck, das sei eine wirre Welt, in der man sich verlaufen könnte. Herr B. ist ganz offenbar gefangen in diesem seltsamen kastenartigen Gebilde in der Mitte der dargestellten Gestalt. Es gleicht einem Labyrinth. Die roten Strichlinien lassen an den Ariadnefaden denken.

Monika Müller, die Herrn B. in dieser Zeit begleitet hat, bietet eine Deutung des Bildes an: Es ist die Suche nach dem Ariadnefaden im Labyrinth der Gefühle.

Seltsam ist, daß der Leib regungslos im Feuer steht, die Füße aber in Bewegung sind. Sie gehen einen Weg, der weiter-, der aufwärtsführt. Seltsam auch der Stern, der über der Gestalt in Richtung des Weges steht. Ein Mensch, der im Labyrinth seiner brennenden Gefühle gefangen ist, weiß offenbar – gegen alle Empfindungen des Augenblicks – um einen Weg, der weiterführt; weiß von einem Stern, an dem er sich orientieren kann.

Wie findet einer seinen Weg aus dem Labyrinth? Theseus folgt seinem Ariadnefaden. Herr B. kehrt nach 10 Tagen aus seinem Labyrinth zurück. Die letzten Wochen seines Lebens ist er im Frieden mit sich selbst.

Unsere Ahnung ist, daß er seinem »inneren Weg«, daß er seinem Leitstern folgt. Mitten im Labyrinth sehe ich bestenfalls bis zur nächsten Wegkehre, ich weiß nicht einmal, ob es denn überhaupt einen Weg gibt. »Von oben« jedoch, aus der Perspektive des Sterns, ist der Weg sichtbar, überschaubar.

In der Geschichte von den »Drei Weisen aus dem Morgenland« heißt es, daß sie einem Stern folgen, der ihnen den Weg weist. Sie kennen den Weg im Vorhinein nicht. Sie vertrauen aber darauf, daß der Stern sie zum Ziel ihrer Suche führt. Und so folgen sie ihrem Stern wie Theseus dem Ariadnefaden.

Jeder Mensch – so ahnen wir – hat in sich seinen Ariadnefaden, seinen Leitstern, dem er folgen kann, wenn er sich seinem »inneren Kompaß« anvertraut. Wie aber komme ich in Kontakt mit meinem Leitstern, wie finde ich meinen Ariadnefaden?

Im Bild des Herrn B. fällt ein seltsames Dreieck auf. Wo kein Mund, keine Ohren, keine Augen schmecken, hören und sehen können, scheint doch dieses Dreieck in Kontakt mit dem Stern zu stehen. In östlichen Erfahrungen heißt es, der Mensch habe ein »drittes Auge«, das wahrnimmt, was unsere Alltagsaugen nicht sehen. – Man muß nicht diese Vorstellung teilen, um seinen Ariadnefaden zu finden.

Uns scheint der wichtigste Rat für Trauernde der zu sein, dem ei-

genen Gefühl zu trauen. Was ist gut für mich in meiner Trauer, was führt mich auf falsche Wege? – Niemand weiß besser als Sie selbst, was Ihr Weg ist!

Was aber, wenn ich im Zweifel bin – und ich werde es, gerade in der Trauerzeit, oft sein? Besser ist es dann zu warten, bis in mir eine Entscheidung heranreift.

Nur die »innere Stimme« führt mich durch mein Labyrinth der Trauer. Sie ist ein inneres Wissen um meinen Weg, mein innerer Ariadnefaden, mein Leitstern. Wer sein Leben religiös begreift, wird in ihr göttliche Führung erfahren.

Bei den Naskapi-Indiandern, den Ureinwohnern der Labradorinsel, findet man die Vorstellung eines innerseelischen Gefährten. Er wird »Mein Freund« oder »Großer Mann« genannt. Er wohnt im Herzen jedes Menschen und spricht durch Träume zu ihm. Wer seinen Anweisungen folgt, erhält vollständige Orientierung.

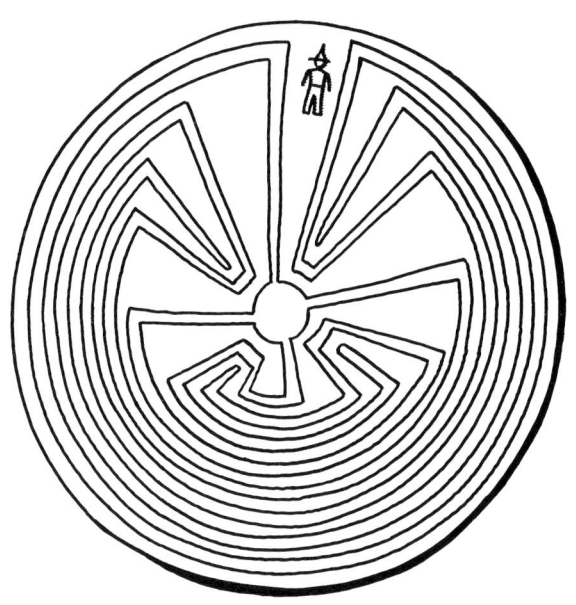

Der »Große Mann« im Inneren weist den Weg.

»Meinem Freund«, meiner »inneren Stimme« zu vertrauen ist der einzige Kompaß, auf den ich mich verlassen kann. »Mein Freund«, »meine Freundin« weiß auch darum, daß es durch das Labyrinth der Trauer keinen anderen Weg gibt als den mitten ins »Herz der Trauer« hinein, dorthin, wo ich mich dem eigenen Minotauros stellen muß. In der Trauer gibt es keine wirkliche Wahl. Es gibt nur den Weg durch das Labyrinth hindurch. Wer diesen Weg gegangen ist, ist ein anderer geworden. Er trägt die Erfahrungen und Wunden des Labyrinthes ein Leben lang in sich.

Andere erleben Trauernde oft als eigenwillig. Wer seinem Leitstern mitten durchs Labyrinth gefolgt ist, kann nicht anders sein als »eigen«. Er hört auf sich selbst, er geht seinen Weg. Und er findet nach langen, dunklen Wegen ins Leben zurück.

Hubert Böke, Lene Knudsen-Böke

33

Raunen

Ihr Leben war ein tiefes, dunkles Loch.

Seit ihr Mann gestorben war, hatte kein Sonnenstrahl mehr ihr Herz erreicht. Tief in ihr lauerte ein dumpfer Schmerz und lähmte alles Leben. Ihre Seele war ein See gefrorener Tränen, unter dem Eis aber brodelte eine große Leere.

Menschen, die ihr früher vertraut waren, zogen sich vor ihr zurück – oder war sie selbst es, die sich in einer dunklen Seelenhöhle verkroch?

Sie fühlte, ganz allein auf der Welt zu stehen.

Der einzige Ort auf dieser Erde, der ihr lieb war und des Besuchens wert, war das Grab ihres Mannes. Dort saß sie Stunde um Stunde.

Über das Grab neigte ein alter Baum seine weiten Äste und spendete Schatten in der Hitze des Sommers.

Hier träumte die Frau von den verlorenen Tagen, als sie noch ganz war und mit ihrem Mann vereint. Hier plauderte sie mit den Gestalten ihrer gemeinsamen Vergangenheit, hier spürte sie die verlorene Nähe ihres Liebsten. Die Welt draußen, vor den Friedhofsmauern, war nur ein böser Traum.

Doch ließ sich die Welt draußen nicht auf immer ausschließen.

Als die Blätter sich färbten und die dunklen Tage der Winterzeit ihre ersten Boten sandten, jagten Herbststürme übers Land, fegten das Laub von den Bäumen, brachen totes Holz. Wie ein Blatt im Wind, so wurde auch sie hin- und hergeworfen.

Die schützenden Mauern waren zusammengefallen. Eine Sturmflut von Gefühlen brach über sie herein. Es kam eine Zeit voller Schmerz, voller Bitterkeit. Sie begann zu begreifen, daß nichts mehr sein wird, wie es einmal war. Hin- und hergeworfen wurde

sie zwischen ohnmächtigem Zorn und dem Gefühl tiefster Verlassenheit. Schuldgefühle marterten sie und ein bohrendes »Warum?«

Kalte Novembernebel hielten ihre Seele gefangen, die Sonne am klaren Winterhimmel war ihr Feind. Nichts mehr schmeckte ihr nach Leben. Jeden Morgen war ihr das Aufstehen ein Kampf. Die kleinsten Alltagsaufgaben waren ein Angang. Bei jedem Atemzug fehlte er ihr.

Oft war da nur noch ein Wunsch, eine Sehnsucht, daß alles vorüber wäre.

So verging das Jahr: Winter, Frühling, Sommer, Herbst, Winter. Immer wieder fiel die Trauer sie an, und sie duckte sich wie ein verwundetes Reh. Doch wurden die Stunden, in denen sie an ihren Schmerz nicht mehr dachte, länger. Über der bodenlosen Leere wuchsen ganz langsam, ganz allmählich zarte Fäden und überspannten den Abgrund.

Als der zweite Winter sich dem Ende zuneigte, war es ihr, als höre sie die Stimme ihres Mannes.

Sie folgte seiner Stimme, und er führte sie vom Friedhof fort in den nahen Waldpark. Nicht lange, und die Frau gelangte an einen Ort, den sie oft mit ihrem Mann aufgesucht hatte. Unter einer mächtigen Eiche stand eine Bank. Ein naher Bach schlängelte sich durch's Gehölz. Hier hatten sie oft gesessen, Seite an Seite, und hatten dem leisen Plätschern des Wassers gelauscht und dem Rauschen des Windes in den Blättern. Ihr Mann hatte diesen Ort geliebt wie keinen anderen auf der Erde, und manches Mal hatte es ihr geschienen, als könne er die Bäume sprechen hören.

»Vergrab dich nicht in deinen Erinnerungen!« hatten Freunde sie gemahnt, als sie Tag für Tag zum Friedhof ging. Jetzt mahnten die Freunde, sie solle sich nicht in ihr Alleinsein flüchten. Doch sie selbst spürte, daß sie ihren eigenen Weg gehen mußte. Die Einsamkeit des Waldes schreckte sie nicht; sie tat ihr gut.

Wann immer sie konnte, kam sie nun an diesen stillen Ort. Unmerklich öffnete sich ihr Herz dem Murmeln des Baches und den raunenden Bäumen. Ganz allmählich vertraute sie sich in ihrem Schmerz Wind und Wasser an, und wenn sie ihnen von ihrem Kummer erzählte, wurde es still in ihr. Sie spürte, wie die Bäume sie mit uralter, freundlicher Kraft umgaben. Mitten im Winter schmolzen Tautropfen vom Eisring, der ihr Herz umschloß, und vermischten sich mit ihren Tränen.

Es wurde Frühling, und der Frühling brachte den Gesang der Vögel zurück. Überall knosp neues Leben und leuchtendes Grün. Der Park wachte auf aus langem Schlaf. Die ersten Schneeglöckchen blühten im Unterholz. Das Leben war zurückgekehrt, und der Wald sang sein berauschendes Lied von den wärmenden Strahlen der Schöpferin Sonne.

Zwischen tauendem Schnee sprossen frühe Blumen. Zum ersten Mal erreichten die Strahlen der Sonne wieder ihre Seele und tauchten den Wald in einen Feentanz aus Schatten und Licht.

Mit jedem Atem sog sie den frischen Geruch nach Erde und neugewordenem Leben in sich auf.

Zwei Jahre waren vergangen, seit ihr Mann von ihr gegangen war. Da stand sie wie verzückt vor einer Miniatur ihres Eichenbaumes im Park. Im Schaufenster eines Blumenladens stand eine kleine Bonsaieiche. Sie mußte nicht lange mit sich zu Rate gehen, denn es war ihr, als warte das Bäumchen auf sie. Sie erstand die kleine Eiche und stellte sie in ihrer Wohnstube neben das Bild ihres Mannes. Mit aller Hingabe pflegte sie das Bäumchen und sprach mit ihm, als sei es ein verständiges Wesen.

Die Zeit verging, und aus dem einen Baum war ein ganzer Zauberwald von Bonsaibäumchen geworden – in ihrem Wohnzimmer hatte der Geruch von frischer Erde und dem Grün des Waldes Einzug gehalten.

Die Frau besuchte nun oft den Blumenladen. Die Besitzerin sprach gerne mit der Frau, teilte sie doch mit ihr die große Liebe zu den kleinen Bäumen. Auch eine andere Frau kam des öfteren in das Geschäft, um nach den neuesten Bonsaibäumchen zu schauen. Mit der Zeit wurde aus Fachgerede freundschaftliches Geplauder: »Besuchen Sie mich doch einmal. Sie werden ihre Freude haben an meinem Wohnzimmerwald.«

So kam es, daß die Witwe neue Freunde gewann. Und wenn sie, froh darum, ihren Bäumen davon erzählte, meinte sie das Raunen der Blätter des Waldes zu hören und das Murmeln des plätschernden Baches. Vor ihren inneren Augen verwandelte sich das Bonsaiwäldchen in den großen Wald.

Und sie hörte die Stimme ihres Mannes, der mit den Bäumen sprach, als sei er nun einer von ihnen.

Es tat weh. Immer wieder kamen Stunden des Schmerzes. Doch das Leben war ihr wieder gegeben, und wann immer sie einen Menschen antraf, dem die Trauer ins Gesicht geschrieben stand, verschenkte sie ein Bonsaibäumchen aus ihrem Wohnzimmerwald. Den Beschenkten mahnte sie, das Bäumchen zu hüten und zu pflegen, denn es lebe eine starke Macht in ihm.

Hubert Böke

Meine einzige Freude ist die Untröstlichkeit

Mein Liebster, meine einzige Freude ist die Untröstlichkeit;
deine Augen sehen nicht mehr,
und so ist auch für mich alles dunkel;
deine Ohren hören nicht mehr,
und so ist auch für mich alles stumm;
deine Lippen schmecken nicht mehr,
so ist auch für mich alles taub,
schmeckt alles nach Nichts ...
Nicht Erde warst du, sondern die Erde,
die Unendlichkeit der Sterne,
die ich nun nicht mehr sehe;
der unermeßliche Ozean der Wolken,
die nun nichts mehr sind.
Ich habe nur die Hoffnung meiner Untröstlichkeit;
ich weiß nur, daß alles noch da ist,
aber sehen, schmecken und fühlen kann ich nichts mehr;
dunkel ist alles, und meine einzige Freude ist die Untröstlichkeit ...

Quelle unbekannt

Kleiner Gesang

Regenbogengedicht,
Zauber aus sterbendem Licht,
Glück, wie Musik zerronnen,
Schmerz im Madonnengesicht,
Daseins bittere Wonnen ...

Blüten, vom Sturm gefegt,
Kränze, auf Gräber gelegt,
Heiterkeit ohne Dauer,
Stern, der ins Dunkel fällt:
Schleier von Schönheit und Trauer
Über dem Abgrund der Welt.

Hermann Hesse

Kraft schöpfen auf dem Weg

Sturmwolken über dem schottischen Hochland. Ein altes Steinhaus. Das Licht lädt ein, für eine Zeit zu verweilen, Schutz zu suchen vor dem Unwetter.

Der Weg der Trauer geht mitten durch das »Unwetter«. Meine Seele hat Sturmzeit. Von allen Seiten brechen Gefühlsfluten über mich herein. Mich beutelt es bis an den Grund. Hilflos fühle ich mich Wind und Wetter ausgeliefert.

Die Hütte im Sturm. Könnte ich hier nur für einen Augenblick Schutz finden, Wärme, den Trost menschlicher Stimmen.

Im »Unwetter der Trauer« brauchen Menschen solche »Schutzhütten«, Orte, an die sie sich »auf Zeit« zurückziehen können. Kein Mensch kann 24 Stunden »rennen«, schon gar nicht in der Trauer mit all ihrer Erschöpfung. Es braucht Schutzräume, Ruhezeiten.

Das Labyrinth »Robin Hood`s Rennen« hat vier »Schutzorte«, in jeder Himmelsrichtung eines. Dort, so der Gedanke, kann man ruhen und sich stärken. Schwerter markieren die Ruheplätze. Sie sind Zeichen himmlischen Schutzes und zugleich Sinnbild dafür, daß Kampf und Rückzug für Robin Hood´s Gefolgschaft zueinandergehören.

Wir laden Sie ein zu einem »zweiten Gang« durch ein Labyrinth. Verweilen Sie im Nachzeichnen der Wege immer wieder einmal an den »Schutzorten«. Lassen Sie an jedem dieser Orte Bilder und Gedanken aufsteigen für das, was Sie zur Ruhe kommen läßt, was Ihnen gut tut. Geben sie jedem dieser »Schutzplätze« einen Namen, eine Bezeichnung.

Was dem einen gut tut in der Trauer, mag einem anderen ein Greuel sein. Jeder weiß am besten um seine »Schutzorte«. Mag sein, Sie erinnern sich, was Ihnen früher geholfen hat, zur Ruhe, zur Kraft zu kommen. Mag sein, daß Sie heute manches neu entdecken werden.

Achten Sie auf Ihre Bedürfnisse. Seien Sie freundlich zu sich selbst. Die Zeit der Trauer ist eine Zeit des »Überlebens«. Um so wichtiger ist es, daß Sie sich Gutes tun und gönnen!

Für viele wird einer der »Schutzorte« das Grab des geliebten Menschen sein, ein Ort, an den Sie sich zurückziehen und Kraft schöpfen können. Andere haben sich ihren »Gedenkort« zu Hause eingerichtet. Ein anderer »Kraftort« wird die Zeit sein, die Sie mit Menschen verbringen, die Ihnen gut tun.

Für religiöse Menschen wird ihr Glaube, ihr Gebet zur Kraftquelle – gewiß nicht ohne Zweifel und Zorn auf Gott, der das alles zugelassen hat.

Vieles kann zum »Schutz – und Kraftort« werden: regelmäßige Spaziergänge in der Natur, gute Musik, das Tagebuch, künstlerische Arbeit, ein Stadtbummel, viel Bewegung, Sport, Yoga, ein heißes Bad... Dem Körper Gutes tun, ist gerade in der Zeit der Trauer von großer Bedeutung.

Und wenn es auch noch so sinnlos und unwichtig erscheint: gut essen, gesunde Ernährung, das bewußte Wertlegen auf ein gepflegtes Äußeres.

In der Trauer liegt die Gefahr nahe, sich selbst aufzugeben (im Labyrinth sitzenzubleiben). Das kann bis zur äußeren und inneren »Verwahrlosung« gehen: Nichts ist mehr wichtig, alles ist ohne »Geschmack«. Sie fragen sich: »Für wen und wozu soll ich alles das machen?«

Die Antwort ist so einfach wie zwingend: zunächst einmal für sich selbst, für Ihr Überleben.

Schaffen Sie sich für Ihren »Überlebenslauf« ein Geländer, so daß Sie nicht in den Abgrund stürzen.

Für Berufstätige ist, bei aller Belastung, die Arbeit oft ein solches Geländer. Oft sind auch familiäre oder ehrenamtliche Aufgaben eine große Hilfe – allerdings nur dann, wenn Sie sich nicht überfordern und auch sich selbst Raum lassen.

Wenn Sie Ihren Tag selbst gestalten können, machen Sie sich vielleicht schon am Vorabend einen schriftlichen Plan für den nächsten Tag. Verabreden Sie mit sich selbst, was sie dann tun und erledigen wollen. Es ist kein Schaden, wenn Sie nicht all Ihre Tagesaufgaben schaffen. Nehmen Sie einfach das, was liegengeblieben ist, mit in den nächsten Tag hinein. Dazu gehören dann nicht nur die Aufgaben, sondern auch die »schönen Dinge«, die Sie sich gönnen wollen. Setzen Sie sich auch kleine, überschaubare Ziele über den Tag hinaus – am besten immer mit dem Rat im Ohr: »Schritt – Atemzug – Besenstrich«.

Und bedenken Sie: »Ein Stück Weg liegt hinter dir, ein anderes noch vor dir. Wenn du verweilst, dann nur um dich zu stärken, nicht um aufzugeben.«

Lene Knudsen-Böke

Wie einer auszog, das Trauern zu lernen

In unseren Trauerseminaren gibt es immer einen sehr bedeutsamen Teil, in dem wir die Teilnehmer bitten, ein Märchen zu schreiben. Außer dem Titel »Wie einer auszog, das Trauern zu lernen« geben wir nichts an Inhalt und Form vor. Von dem Ergebnis der vorgelesenen Märchen sind wir immer wieder tief beeindruckt. Häufig reagieren die Kursteilnehmer mit der Bemerkung »wir können nicht schreiben«, »ich hab gar keine Idee«, »helfen Sie mir mal mit einem Anfang« usw. Wir bitten dann die Menschen, sich in einen ruhigen Raum zurückzuziehen, vor sich ein Blatt Papier, und dieses Blatt erst einmal nur mit dem Titel zu beschriften. Weiter sagen wir ihnen, daß sie nichts weiter tun sollen, als diese Zeile in ihrem Gemüt hin und her zu bewegen. Wenn dann in ihrem Inneren langsam eine Geschichte entsteht, Gedanken, Bilder, dann mögen sie diese »einfach« auf das Papier fließen lassen.

So bitten wir nun auch Sie, liebe Leserin, lieber Leser, sich zurückzuziehen aus den Turbulenzen des Alltags, sich einen stillen Ort zu suchen und unserer Idee des Märchenschreibens zu folgen. Lassen Sie sich sehr viel Zeit, nehmen Sie sich nichts vor, machen Sie sich keine Sorgen um den Verlauf, den Stil und den Ausgang, sondern seien Sie einmal nur märchenhaft im Umgang mit Trauer.

Wenn Sie Ihr Märchen dann geschrieben haben, Ihr eigenes Märchen, das keinerlei Anspruch erhebt auf literarische Qualität, Stilsicherheit und Besonderheiten, dann legen Sie es für einige Tage oder vielleicht sogar Wochen zur Seite und verschwenden zunächst einmal keinen Gedanken mehr daran. Nach einiger Zeit werden Sie es noch einmal lesen wollen. Auch hierfür nehmen Sie sich wieder Zeit und Abstand vom Alltag. Lesen Sie es einmal leise für sich durch, inwendig sozusagen. Danach sprechen Sie es einmal laut. Es ist auch möglich, daß Sie einen vertrauten Menschen bitten, Ihnen Ihr Märchen vorzulesen. Lassen Sie die einzelnen Bilder in ihrer ganzen märchenhaften Tiefe auf Sie wirken. Sie werden unbewußt Symbole gewählt haben aus dem Bilderreich Ihrer Seele, die eine tiefgreifende Bedeutung haben. Je weniger Sie bei dem Märchenschreiben darauf geachtet haben, was Sie zu Papier bringen, um so überraschter werden Sie von dem Reichtum der Darstellung sein.

Lassen Sie nun die einzelnen Bilder in der Reihenfolge ihres Auftauchens auf Sie wirken. Wie in einem Traum können Sie die Bilder nun vertiefen, genauer anschauen, sich an den Orten, die Sie beschrieben haben, aufhalten und das ganze Märchen somit einmal nach und nach aufleben lassen. Vermutlich werden Sie überrascht sein, was diese Bilder Ihnen sagen über Ihre Liebe zum verlorenen Menschen, über die Fülle Ihres Lebens und Erlebens, aber auch über die Klarheit der im Märchen angebotenen Lösungen. Wenn Sie Ihrem Märchen folgen, werden Sie staunen, daß Ihr Innerstes von einer Linderung Ihres Trauerweges weiß, ja sogar von einer Lösung Ihrer Trauerfragen und Trauerängste, die Sie sich in wachen und voll bewußten Tagen überhaupt noch nicht klar gemacht haben. Lassen Sie diese Heilungsbilder, diese Lösungswege auf Sie wirken. Vielleicht mögen Sie auch einzelne Bilder dieses Märchens malen und in Ihre Wohnung hängen, vielleicht mögen Sie es nur ab und an zur Hand nehmen, um darin spazieren zu gehen.

Wir sind zunehmend überzeugt, daß eine solche Märchenerfahrung eine gute Möglichkeit ist, mit der Kraft und dem Vertrauen, das neben allen Schmerzen und Bitterkeiten auch in der Seele eines trauernden Menschen lebt, in Kontakt zu kommen. Lesen Sie nun ein Märchen, das eine trauernde Frau geschrieben hat. Beim lauten Vorlesen des Märchens in der Gruppe und der anschließenden Erwärmung in die einzelnen Bilder fand sie eine tiefe Befriedigung in der Erkenntnis, daß sie eines Tages in der Lage sein wird, ihre tiefe Trauerverschüttung zu verlassen und dieser Weg über die tief empfundene Trauer, die Trauertränentreppe, führen wird.

»Es war einmal eine Frau, die in einem Schloß ein glückliches Dasein führte mit ihrem Gatten, ihrem Sohn und Anverwandten und Freunden. War jemand verzweifelt oder traurig über den Verlust einer Kuh, eines Hauses oder über den Tod eines Menschen, wußte sie sofort Rat und holte aus ihrer »Erste-Hilfe-Tasche« Trostpflaster (positive Gedanken), Sälbchen (Spruchweisheiten) und Tränklein (Ratschläge).

Es verwunderte sie sehr, daß ihre klugen und geschätzten Arzneien keine Wirkung zeigten – außer, daß sich die Menschen traurig und trostlos von ihr abwandten. Warum waren die zu dumm, ihre mit viel Gutwilligkeit angebotenen Mittelchen anzuwenden?

Eines Tages trug es sich zu, daß Gevatter Tod ihren Liebling, ihren Sohn, von ihrer Seite weg zu sich auf sein galoppierendes Roß riß und mit ihm davonjagte ins Nimmerleinsland.

Sie spürte mit einem Aufschrei die enorme, grausam-schmerzende und blutende Wunde, so daß sie blind vor Schmerz, Wut, Trauer und Kälte ins Wanken und Fallen geriet – und abstürzte in den tür- und fensterlosen, eiskalten und dunkelsten Schacht des Schloßes.

Zerschunden, zerschlagen, blutend und zähneklappernd, zerbrochen und stimmlos schrie sie stumm aus ihrer Dunkelheit nach Hilfe und Rettung – doch niemand konnte sie hören.

Da fiel ihr ihre Erste-Hilfe-Tasche ein – sie versuchte ihre Wunden mit Trostpflaster, ihre Bloßheit mit Sälbchen und ihren schmerzenden Kopf mit Tränklein zu behandeln – aber alles wurde noch schlimmer, schmerzhafter, dunkler.

Endlich fand man sie, ließ Schnüre zu ihr herab – aber sie vermochte sie nicht zu fassen, weil sie viel zu kurz waren. Bei dem verzweifelten Hochspringen war sie noch zerkratzter, zerschundener und verwundeter geworden, und weiterhin saß sie in ihrer bitterkalten Dunkelheit und ätzenden Traurigkeit.

Endlich fand jemand ein längeres, tragfähiges Seil; sie begann sich mühevoll und schwerfällig daran emporzuhangeln, doch sie war zu schwach und kaputt zu diesem Kraftakt. Das Seil flutschte ihr durch die Hände und hinterließ blutige Schnitte. Hilflos, verlassen und unrettbar in ihrem Trauerloch festsitzend, sich vor Weh krümmend, inwendig vor Kälte festgefroren, vermauert und versteinert, fand sie keinen Weg – und niemand fand einen Weg zu ihr.

Da – eines Nachts, kam im Traum eine Fee zu ihr: »Wenn du einen Weg zu deiner Trauer und aus ihr heraus finden willst, mußt du die Aufgabe bestehen, dich aus diesem Loch herauszuarbeiten.«

Trostlos hauchte die Frau: »Die Wände sind glatt und hoch, alle Seile haben nicht gelangt, wie soll ich das mit meinen von Trauer erloschenen Augen, mit zerrissenem Herzen und bedeckt mit Wunden, Schwären, Schnitten und Rissen schaffen?«

Da nahm die Fee die Armselige unter ihren weiten Mantel und wiegte sie so, wie diese ihren Sohn einst wiegte –, und auf einmal lösten sich aus dem versteinerten Gesicht Tränen – die Frau weinte hemmungslos – eine Flut riesengroßer Tränen, die sich sogleich in ebenso riesige Kristalle verwandelten.

In der nächsten Nacht erschien die Fee wieder, strich sanft über die Narben, Wunden und Risse – und unter diesen wundersamen Berührungen floß ein Meer von Tränen aus der Frau, die sich wiederum in große Kristalle verwandelten.

In der dritten Nacht machte die Fee die Mauern durch Erwärmung mit ihrem Zauberstab durchsichtig und transparent, zeigte der Gefangenen das Leben – ihr Leben. »Hab Erbarmen mit mir, liebe Fee!« Wiederum weinte sie tieferschüttert Berge von Tränen-Kristallen.

Die Fee bedeutete ihr zu arbeiten. Aus den Kristallen erstellte sie Treppenstufen, die zwar risikoträchtig waren, sie oft auch wieder einige Stufen in die Tiefe abrutschen ließen und ihre Fingerspitzen wund machten. Aber mit viel Vertrauen, Geduld mit sich und genauem Hinsehen gelangte sie allmählich immer weiter hinauf. Ihre Tränentreppe, dieser rettende Schatz, hielt stand. Schließlich konnte sie wieder die Hände ihres Gatten ergreifen – und alle Freunde halfen ihr, sie aus ihrem Trauerloch ins Leben zu holen. Sie hatte einen wertvollen Weg gefunden: ihre Tränentreppe – ihren Trauerweg.

Marion Atzert / Monika Müller

Das Gebet des Jona im Bauch des Fisches

Ein alte biblische Geschichte von Not und Bewahrung kann Sinnbild für die Erfahrung in der Trauer sein: die Geschichte von »Jona im Bauch des Fisches«.

Was ist passiert? Jona erhält von Gott einen Auftrag. Er fühlt sich dem nicht gewachsen und flieht übers Meer. Im Bauche eines Schiffes versteckt, versucht er, sich »unsichtbar« zu machen. Ein großer Sturm zwingt ihn »an Deck«. Er wird dem Meer überantwortet. Mitten im Meer aber ertrinkt er nicht. Ein großer Fisch verschlingt ihn und hält ihn drei Tage und drei Nächte in seinem Bauch gefangen (und rettet ihn).

»Im Bauch des Fisches« betet Jona:

»In meiner Not rief ich zu dir, Herr,
und du hast mir geantwortet.
Als schon der Tod nach mir griff,
hast du meinen Hilfeschrei vernommen.
Du hattest mich mitten ins Meer geworfen,
die Fluten umgaben mich;
alle deine Wellen und Wogen
schlugen über mir zusammen.
Ich dachte schon,
du hättest mich aus deiner Nähe verstoßen.
Das Wasser ging mir bis an die Kehle.
Ich versank im abgrundtiefen Meer,
Schlingpflanzen wanden sich mir um den Kopf.
Ich sank hinunter bis zu den Fundamenten der Berge,
und hinter mir schlossen sich
die Riegel des Totenreiches.
Aber du, Herr, mein Gott, hast mich lebendig
aus der Grube gezogen.
Als mir die Sinne schwanden,
dachte ich an dich,
und mein Gebet drang zu dir.
Ich aber will dir danken,
denn du, Herr, bist mein Retter.«

Da befahl der Herr dem Fisch, ans Ufer zu schwimmen und Jona
wieder auszuspucken.

Mein Lebenskreis ist heute ein anderer

Die TeilnehmerInnen unserer Trauerseminare zeichnen an einem der Abende ihr ganz persönliches »soziales Sonnensystem«. In die Mitte hinein zeichnet jeder – ganz »ego-zentrisch« – sich selbst, auf die umlaufenden »Planetenbahnen« die Menschen, die zum eigenen sozialen Umfeld gehören. Die eingezeichnete Nähe oder Ferne, die gewählten Farben und Formen sagen viel aus über die Menschen des eigenen Lebenskreises.

Bevor Sie nun weiterlesen, möchten wir Sie einladen, Ihr eigenes »soziales Sonnensystem« zu zeichnen. Es lohnt sich, seinen eigenen Lebenskreis einmal auf diese Weise vor Augen zu bringen.

Mit der Zeichnung vor Augen wird manches klarer. Menschen, mit denen ich lange verbunden war, sind in der Trauerzeit fernergerückt. Andere, die für mich früher weit draußen auf den äußeren Umlaufbahnen waren, sind mir nähergekommen.

Oft genug erweist sich auch der Spruch »Blut ist dicker als Wasser« in der Trauer als trügerisch. Die Wahrheit einer anderen Lebensweisheit zeigt sich: »In der Not erweisen sich die wahren Freunde.«

Ein ständig wiederkehrendes Thema unserer Gesprächsabende ist die Klage über die vielen Menschen, die sich zurückziehen, die zurückscheuen »vor meiner Trauer, vor meinen Gefühlen«.

Solche Erfahrungen sind es, die Trauernde in ihr inneres »Schneckenhaus« treiben. Es trifft sich oft mit dem Bedürfnis des Trauernden nach Zeiten des Alleinseins, vor allem dann, wenn die angebotene Alternative die »gesellige Runde« ist, in der Trauer keinen Platz hat.

Trauernde sagen von sich selbst, daß sie in ihrer Trauer sehr dünnhäutig geworden sind und empfindlich wie ein Seismograph auf jede gemachte oder vermißte Äußerung reagieren. Hinzu kommt, daß viele Menschen im Umfeld eines Trauernden nicht einmal mit ihren eigenen Gefühlen umzugehen wissen. Um wie viel schwerer fällt es da, sich auf die Trauer eines anderen einzulassen. Gegenseitige Sprachlosigkeit macht das Miteinander nicht leicht. – Vielleicht ist es wichtig, sich darüber klar zu werden, wie zuvor die Beziehungen waren. Hatten denn früher tiefere Gefühle Raum? Oder war es mehr das gesellige Zusammensein, das Sie miteinander verband?

»Ich bin doch früher auch nicht auf Trauernde zugegangen. Ich habe nicht gewußt, wie ich sie ansprechen soll. Wollen sie, daß wir reden über die Trauer – oder ist es besser, alles zu vermeiden, was Tränen bringen könnte? Und manchmal, wenn ich ehrlich bin, war es mir auch einfach zu anstrengend. Mein Leben ging ja weiter«, so der nachdenkliche Rückblick einer Teilnehmerin des Seminars.

Wenn Trauernde die Kraft aufbringen zu sagen, wie es ihnen geht und ob sie denn z.B. über ihre Gefühle oder den Verstorbenen reden wollen oder im Augenblick lieber schweigen, baut sich oft die gegenseitige Unsicherheit ab.

Offen und klar zu sagen, was ich brauche und was mir in meiner Trauer nicht gut tut, ist nicht einfach, aber es bewirkt auch Klarheit. Der andere kann sich dazu stellen. Offenheit birgt das Risiko, sich verletzlich zu machen. Aber sie hilft auch dazu, daß beide wissen, woran sie sind.

In der Trauerzeit ist es wichtig, herauszuspüren, welche Menschen mir gut tun und von welchen Menschen ich mich besser für eine Zeit fernhalte. Wichtig scheint uns, darauf zu schauen, daß jede Beziehung ihre eigene Qualität hat: Da sind vielleicht Nachbarn, die mir ganz praktische Unterstützung geben – beim Einkaufen, beim Reparieren von »Kleinigkeiten« in der Wohnung, bei Amtsgängen usw. Solche Hilfe ist oft überlebensnotwendig, und ich tue gut daran, sie anzunehmen.

Da ist die Bekannte, mit der ich lange Waldspaziergänge mache, da sind die Menschen, mit denen mich ein besonderes Interesse oder ein Hobby verbindet. Da ist die alte Frau, die mich einfach in den Arm nimmt und mich wortlos tröstet. Da ist ein Mensch, mit dem ich reden kann über meine Trauer, meine Gefühle. Aber da sind auch Menschen, die mir mit ihren Angeboten und Ratschlägen zu nahe rücken. – Und da sind auch Menschen, denen ich gut tue, die mich brauchen.

Es gibt Menschen, denen ich gut tue, es gibt Menschen, die mir gut tun – auf ihre Weise. Und es gibt Menschen, vor denen ich mich hüten sollte. Mit wem auch immer Sie Ihren Weg heute gehen, eines wird bleiben: die große »Lücke«, der leere Platz an Ihrer Seite.

Siegmund Freud schreibt:

»Man weiß, daß die akute Trauer nach einem solchen Verlust ablaufen wird, aber man wird ungetröstet bleiben, nie einen Ersatz

finden. Alles, was an die Stelle rückt – und wenn es sie auch ausfüllen sollte –, bleibt doch etwas anderes. Und eigentlich ist's recht so. Das ist die einzige Art, die Liebe fortzusetzen.«

Vom »Gehenlassen« und »Wiederfinden«

Eine Teilnehmerin des Trauerseminars hat sich über die eigentliche Anleitung, ihren heutigen Lebenskreis zu zeichnen, hinweggesetzt. Auch für den Menschen, den sie betrauerte, hat sie ein Symbol in das »soziale Sonnensystem« hineingezeichnet. Sie hat uns damit ein großes Geschenk gemacht.

Das »Grün« steht für den geliebten Vater, der gestorben war. Sie zeichnete sein Symbol zunächst an den äußeren Rand des Blattes: »Er geht aus meinem Leben heraus. Ich kann ihn nicht festhalten.«
   Bevor sie ihre Zeichnung zu Ende bringt, kommt ihr ein anderer Impuls. Mitten ins Zentrum hinein, dem Sinnbild für sie selbst, zeichnet sie ein zweites Mal das »Grün«: »Manchmal habe ich das

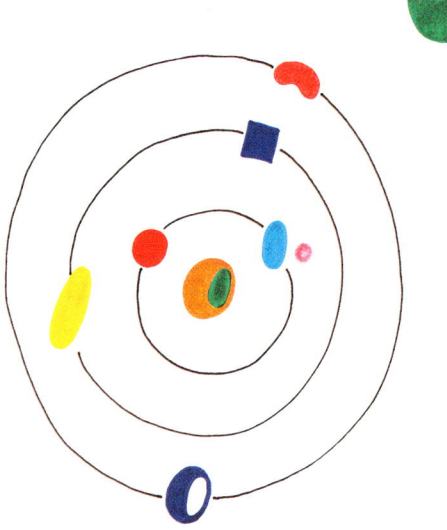

Gefühl, daß mein Vater mir ganz nah ist, näher noch als in der Zeit, in der er mit uns lebte.«

Sie erzählt, wie sie mit ihrem Vater redet, vor allem, wenn sie allein in ihrem Auto unterwegs ist. Sie weint, sie erzählt ihm von ihren Sorgen und Plänen, sie erbittet seinen Rat und: »... Ich weiß nicht wie – ich bekomme von ihm Kraft, und manchmal weiß ich mit einem Mal ganz klar, was ich tun soll.«

Beides ist Wirklichkeit für sie: Der Vater, der aus ihrem Lebenskreis herausgeht, weil er in der Welt, die sie umgibt, nicht mehr da ist. Und der Vater, der auf unerklärliche Weise ihr heute wieder nahe ist, näher noch als zuvor – nicht mehr in ihrer »Außenwelt«, aber tief in ihrem Inneren. Der, der gegangen ist, ist in ihrem Herzen lebendig.

Mir kommt das Märchen vom Aschenputtel in den Sinn:

Aschenputtel hatte den Vater gebeten, ihr von seiner Reise »das erste Reis«, das seinen Hut stoße, mitzubringen. Ihre Stiefschwestern hatten »schöne Kleider, Perlen und Edelsteine« verlangt.

»Als der Vater nach Hause kam, gab er dem Aschenputtel das Reis vom Haselbusch. Aschenputtel dankte ihm, ging zu seiner Mutter Grab und pflanzte das Reis darauf und weinte so sehr, daß die Tränen darauf niederfielen und es begossen. Es wuchs aber und ward ein schöner Baum. Aschenputtel ging alle Tage dreimal darunter, weinte und betete, und allemal kam ein weißes Vöglein auf den Baum, und wenn es einen Wunsch aussprach, so warf ihm das Vöglein herab, was es sich gewünscht hatte.«

Die Mutter, der Vater wird zum guten Helfer in der Not, zur Quelle von Mut und Trost.

Ich erinnere mich an den Traum einer jungen Frau, die ein Jahr zuvor ihren Mann hatte beerdigen müssen. Wir hatten über die Bedeutung von Träumen in der Trauer gesprochen.

Sie erzählte: »Lange habe ich gar nicht von ihm geträumt. Ich habe mich schon gefragt, was mit mir nicht stimmt. Dann kam der erste Traum. Es war schrecklich. Ganz abgemagert war er, gar nicht mehr er selbst – wie in den Tagen vor seinem Tod.

Später hat er mich im Schlaf besucht, hat mir zärtlich übers Haar gestreichelt. Ich habe es lange noch gespürt. Als ich aufwachte, habe ich einen See voll Tränen geweint.

In der letzten Woche träumte ich wieder von ihm. Er kam von weither zu Besuch. An unsrem Gartentor blieb er stehen und schaute mich liebevoll an. Ich hätte schreien können vor Glück. Ich wollte zu ihm. Er schüttelte den Kopf. Ich weiß nicht, ob ich seine Stimme wirklich gehört habe, aber mir war so, als sagte er: ›Ich muß jetzt gehen.‹ Er ging die lange Straße entlang, weit, weit fort. Da drehte er sich noch einmal zu mir um. Diesmal habe ich seine Stimme deutlich gehört: ›Hab keine Angst! Ich bin immer bei dir.‹«

Der, der geht, bleibt doch auf geheimnisvolle Weise da.

Verena Kast, die bekannte Schweizer Ärztin und Psychotherapeutin, spricht vom »inneren Begleiter«.

In der Zeichnung ihres »Lebenskreises« wird der Tochter deutlich: Zuerst ist da die Erfahrung. Der Vater entfernt sich aus ihrem Leben. Er geht auf seinen Wegen aus dieser Welt. Es ist ihr erster Impuls, diese Erfahrung darzustellen.

Erst als zweites kommt ihr der Anstoß, ihren Vater in ihr Inneres hineinzuzeichnen.

Eine paradoxe Erfahrung: Erst den, den ich gehen lasse, kann ich wiederfinden. Es ist eine Gegenwart ganz anders als zuvor, tiefer im Herzen und weniger alltäglich.

Ich denke an Hermann Hesse:

Das Totenopfer (wir meinen, es sei der Kampf im Herzen des Labyrinthes) muß »... in unserer eigenen Seele vollzogen werden, durch Gedenken, durch genaueste Erinnerung, durch Wiederaufbau des geliebten Wesens in unserem Inneren. Vermögen wir dies, dann geht der Tote weiter neben uns, sein Bild ist gerettet und hilft uns den Schmerz fruchtbar zu machen.«

Lene Knudsen-Böke

Zu deinem Gedenken

Ich habe dir
nicht oft genug gezeigt,
daß ich dich liebe.
Nun schreie, sage,
flüstere und bete
ich es, als könne
meine Liebe auf
Lichtflügeln
dich erreichen.

Ich lasse sie dir
hinterherfliegen
und ahne, daß sie
ohne wärmende Hände
einem gestutzen Vogel
gleicht.

In leisen Minuten
höre ich deine Antwort:
Verteile sie an die
Lebenden
zu meinem Gedenken!

Renate Salzbrenner

Vier Jahreszeiten

Ein 59jähriger malt seit seiner Frühpensionierung. In den letzten Monaten vor seinem Herztod malt er »Vier Jahreszeiten«. Frühling und Sommer hat er vollendet. Das Herbstbild ist zur Hälfte gemalt, der Winter ist nur Skizze. Der plötzliche Tod läßt sein letztes Werk Stückwerk bleiben.

Die Ehefrau weiß nicht, was sie mit seinen Bildern tun soll. Sie beläßt sie im Werkraum ihres Mannes. Schmerzlich ist ihr der grausame Sinn seiner Bildfragmente bewußt. Die letzten Jahreszeiten hat er nicht mehr vollendet. Mitten im Herbst reißt sein Lebensfaden ab.

Sie hatten so viele Pläne. Wie in vielen Ehen hatte das Berufsleben nicht viel Zeit belassen. Jetzt hatten sie vor, sich ihr Leben schön zu machen, sich etwas zu gönnen. Reisen wollten sie, mehr Zeit mit den Enkelkindern verbringen; er wollte malen, sie ihre Musik pflegen. Sie wollten ihr Leben genießen.

Ihr Schmerz machte sich an den Bildern fest. Oft stand sie davor und malte seine Bilder in Gedanken zu Ende. Welche Farbe hätte er hier genommen, wie hätte er diesen Winterbaum gemalt? An anderen Bildstellen hätte sie zum Pinsel greifen wollen, um sie zu übermalen, ihnen andere Farben zu geben, hellere, kräftigere.

Mir scheint ihr gedankliches Weiter- und Übermalen Sinnbild zu sein für das, was die Seele in der Trauer tut. Sie sucht das, was der Tod abgerissen hat, »weiter zu malen«, zu vollenden, ganz und vollkommen werden zu lassen, was aus ihrer Sicht noch nicht zum Ziel gekommen ist.

Tief trifft viele Trauernde das Empfinden, daß die Sonne scheint und die Welt draußen weitergeht, als wäre nichts geschehen. Die eigene Welt aber ist zusammengestürzt wie ein Kartenhaus. Diese eigene Welt sucht die Seele »nach vorn« weiter zu malen, an ihr weiter zu bauen, sie zu vollenden.

Im Zurückschauen auf das gemeinsame Leben bleibt sie oft haften an den Ereignissen, die sie gern »übermalen«, die – hätte sie eine Chance – heute »anders malen« wollte.

Zur Trauer gehört fast unabwendbar ein ausgeprägtes Schuldgefühl dazu. Es macht sich fest an der letzten Zeit vor dem Tod: »Hätte ich nur ... eher gespürt, wie krank er ist ... früher darauf bestanden, daß er zum Arzt geht ... mehr Geduld gehabt ... ihm deutlicher gezeigt, daß ich ihn liebe.«

Aus weiterer Vergangenheit tauchen Erinnerungen auf an Streit und Verletzungen, an all das nicht gelebte Leben.

Die Seele steht vor den »Bildern« des gemeinsamen Lebens, will sie in die Zukunft hinein ausmalen, will Vergangenes übermalen, korrigieren.

Dies ist eine wichtige Arbeit der Seele. Jeder tut sie in seiner Trauer. Irgendwann aber wird ganz langsam das Gespür wachsen:

Ich kann nichts mehr hinzufügen,
ich kann nichts mehr wegstreichen,
es ist unser Leben, es ist unsere Liebe.

Wir haben Gutes und Schönes miteinander erlebt. Ich habe Grund zu danken. Es lagen aber auch Steine genug auf unserem Weg, und manchen Knüppel haben wir uns selbst zwischen die Beine geworfen.

Lange Monate hat die Ehefrau vor den Bildern ihres Mannes gestanden, sie in Gedanken weitergemalt. Irgendwann einmal hat sie die Bilder im Wohnzimmer aufgehängt. Es hatte sich etwas verändert in ihr. Sie hatte das »Malen« aufgegeben: »Es sind *seine* Bilder. Und sie sollen ihren Platz haben bei mir.«

In der Beerdigungsansprache habe ich gepredigt über den Paulustext (1.Korinther 13):

»Es ist alles Stückwerk.
Heute sehen wir nur
wie in einem dunklen Spiegel;
dann aber werden wir schauen
von Angesicht zu Angesicht.«

Hubert Böke

Farben des Lebens

In der Ausbildung zur Trauerbegleitung ist es wichtig, sich der eigenen Erfahrungen bewußt zu werden. Nur wer um seine eigene Trauer weiß, kann Menschen in ihrer Trauer zum Begleiter werden.

In unserem Ausbildungskurs malte jeder seinen »Trauerweg«, zeichnete Stationen seines Lebens, die ihn mit Trauer, Schmerz und Tod in Berührung gebracht haben.

Eines der Bilder ist mir nachgegangen, hat sich ganz tief in meine Erinnerung eingegraben.

Ilse malt ihren Trauerweg, den Weg der Trennung von ihrem Mann. Das Bild ist von links nach rechts gemalt, der »Lebensfluß« beginnt links oben. Kindheit und Jugend sind in Ilses Erinnerung

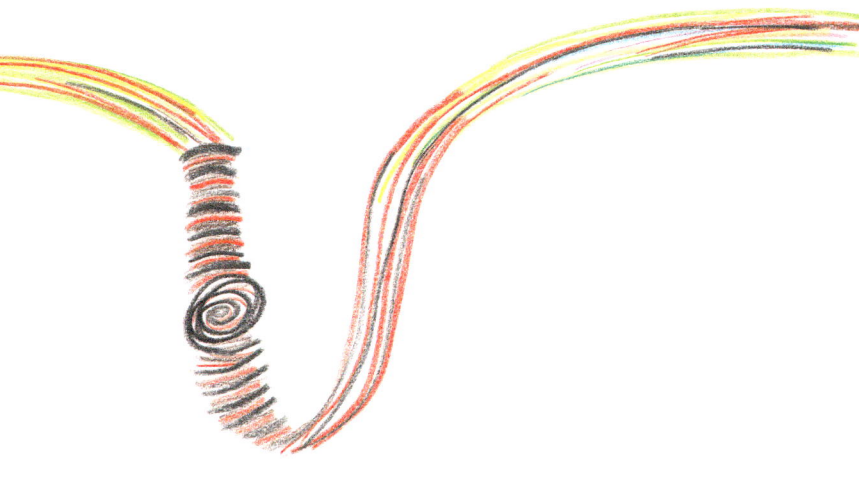

eine farbige, bunte Zeit. Das Leben ist »im Fluß«. So ist es auch in den ersten Jahren ihrer Ehe.

Irgendwann spürt sie, daß Schatten sich auf ihren gemeinsamen Weg legen. Ihr Abstieg in tiefe Verzweiflung und Trauer beginnt, als sie spürt, daß ihr Mann eine Beziehung zu einer anderen Frau hat. Schwarze Querbalken unterbinden den Lebensfluß. Es ist für Ilse eine böse Zeit, eine Zeit großer Traurigkeit und Unklarheit.

Der schwarze Strudel im Bild ist der Augenblick, in der die Entscheidung zur Trennung fällt. Ilse weiß nun unabwendbar, daß ihre Ehe keine Chance mehr hat. Für sie kommt eine bittere Zeit. Ihre Trauer ist ein tiefer Absturz. Es braucht noch lange Zeit, bis sich das Blatt wendet und ihr Leben wieder in Fluß kommt. Ihr Tiefpunkt und zugleich der Wendepunkt ist erreicht, als in Ilse die Kraft wächst, das Unabänderliche anzunehmen. (Es erinnert an den Abschied im »Herzen der Trauer«, im Zentrum des Labyrinthes.)

Beim Sprechen über ihr Bild fällt Ilse das »Rot« auf, das sie zwischen die schwarzen Balken gemalt hat. Zuerst weiß sie nichts damit anzufangen. Sie ist überrascht. Im gemeinsamen Gespräch wird ihr klar: Das ist meine Lebenskraft – unterbrochen, abgeschnitten – aber trotz allem immer da. Erst aus dem Abstand der Zeit kann sie erkennen: Unter aller Trauer habe ich meine Kraft nie ganz verloren. Aber sie hatte keinen Zugang zu ihrer Kraft.

Erst am Tiefpunkt ihrer Trauer haben ihre Lebenskräfte wieder eine Chance. Schwarze und rote Stränge, Trauer und Vitalität kommen in Fluß und geben Ilses Lebenskurve wieder eine Aufwärtsbewegung. Es braucht noch längere Zeit, bis sich zwischen das Schwarz und Rot bunte Farben mischen; wenige zuerst, dann immer mehr.

Ihr Leben wird wieder lebenswert. Der Fluß gewinnt an Kraft, ihre Farbenstränge werden stärker – stärker und intensiver noch als in ihren jungen Jahren. Die schwarzen Linien ihrer durchlebten Trauer aber gehen mit ihr. Sie sind ein Teil auch ihres neuen Lebens.

Ilses Trauerweg ist ihre ganz persönliche Erfahrung. Und gewiß ist die Trauererfahrung einer Scheidung noch einmal anders als die Erfahrung des Abschiedes durch den Tod. Doch scheint uns, daß Ilses Trauer– und Lebensbild ein Sinnbild sein kann für die Erfahrung anderer in ihrer Trauer.

Trauer unterbricht den Lebensfluß. Die bunten Farben verlieren sich im Gefühl des Schmerzes. Schwarz beherrscht alles. Unter der Schwärze jedoch lebt, abgeschnitten vom Gefühl, das Rot der heilenden, lebendigen Kräfte.

Mitten in der Trauer finde ich zu dieser Kraft keinen Zugang. Es ist, als sei sie unter »schwarzem Eis« gefroren – wie ein Fluß, der zufriert. Es braucht einen langen Weg, es braucht das Hinabsteigen der Trauer bis an den Grund.

Wer mitten in der Trauer ist, kann sich nicht vorstellen, daß sein Leben irgendwann noch einmal bunte Farben und Freude zurückgewinnt. Doch bleibt es nicht immer Winter. Die Kraft der Sonne taut den gefrorenen Fluß. Die heilenden Kräfte in mir (das »Rot«), die heilenden Kräfte in der Natur bringen das Leben zurück.

»Mitten im Winter schmolzen Tautropfen vom Eisring, der ihr Herz umschloß, und vermischten sich mit ihren Tränen. Es wurde Frühling, und der Frühling brachte den Gesang der Vögel zurück.« (S. 34 f.: Raunen)

Ilse hat es so erlebt. Ihr Leben ist wieder lebenswert. Sie ist im Kontakt mit ihrer neuen Lebendigkeit und Kraft.

Hubert Böke

Regenbogenfarben

Trauer verändert. Trauer macht »eigen«.

So erlebe ich es oftmals bei Trauernden. Wer das tiefe Tal der Trauer durchlebt und durchleidet, wer im Chaos der Gefühle mühsam auf seine »innere Stimme« zu achten lernt, kann nicht anders als »eigen« werden : ein Mensch, der seinem Weg, der seinem Stern folgt.

Das Märchen »Tochter des Regenbogens« erzählt die Geschichte einer schmerzlichen Wandlung zur »eigenen Gestalt«. Ich gebe es Trauernden in die Hand, die mit Kommentaren aus ihrer Umgebung zu kämpfen haben – geradeso wie die »Heldin« des Märchens.

Die »Farben des Lebens« sind schwarz, rot und – nach schmerzlicher »Häutung« – bunt wie der Regenbogen!

Tochter des Regenbogens

Schon eine ganze Zeit lang spürte sie, daß etwas in ihr vorging.

Einmal knisterte und kribbelte es angenehm unter ihrer Haut, dann wieder war es ein brennender Schmerz, und ihr war zum aus der Haut fahren.

Die Schlange beschloß, das alles nicht zur Kenntnis zu nehmen und weiter ihre alten Pfade zu kriechen. Und wirklich gelang es ihr, so zu tun, als sei alles beim alten.

Doch nicht lange, da machten sich die seltsamen Zeichen um so mehr bemerkbar, und der brennende Schmerz nahm zu. Was sie damit tun sollte, wußte die Schlange nicht.

Sie lebte ihr gewohntes Leben, hangelte sich von einem Ast zum anderen, wartete geduldig, daß ihr Tisch sich deckte – und hätte damit zufrieden sein können – wäre da nicht diese knisternde Spannung in ihr.

An einem ganz gewöhnlichen Tag nahm das Schicksal seinen Lauf.

Die Schlange hatte sich von ihrem Baum auf die Erde herabgelassen und Stunde um Stunde auf Beute gelauert. Als sie nun blitzschnell auf den ahnungslosen Frosch zuschoß, schrabte sie hart über einen scharfkantigen Stein, so daß es ihr bald die Seele aus dem Leib riß. Wie mit Messersschneide hatte ihr der Stein die Haut eingeschnitten.

Dem Frosch half das wenig, und über ihrem reichen Mahl vergaß die Schlange den Schmerz.

Am nächsten Tag ließ sie sich friedlich eingerollt die Haut von der Sonne wärmen, da wurde sie unsanft aus ihren Träumen geweckt.

Einer der dreisten Affen hatte sich vor ihr aufgebaut und schrie:

»Was für ein häßlicher, schwarzer Fleck!«

»Wo?«

»Auf deiner Haut!!«

Die Schlange fuhr wütend auf. Ein schwarzer Fleck auf ihrer schönen, silbergrauen Schuppenhaut?! Vielleicht machte sich der Affe nur lustig über sie, wußte er doch, wie stolz ihresgleichen auf die matte, silbern scheinende Haut war: Eine Schuppe war wie die andere, kein Muster, kein Kringel und kein Schnörkel und schon gar kein – schwarzer Fleck!

Der Affe aber hörte nicht auf mit seinem aufdringlichen Geschnatter und deutete auf eine Stelle ihrer Haut. Voll bösen Schreckens erinnerte sich die Schlange mit einem Mal des letzten Abends. Konnte es sein, daß der kantige Stein ihre schöne Haut verletzt hatte?

Wie unabsichtlich schlängelte sie sich zum Stamm des Baumes und rieb ihre Haut behutsam an der Rinde. Der Affe belauerte sie und wartete auf eine neue Gelegenheit, sich lustig zu machen. Bald fand er sie!

War es die Absicht der Schlange, den schwarzen Fleck von ihrer schönen Silberhaut wegzureiben, hatten sich bald weitere Schuppen gelöst, und neben dem schwarzen Fleck erschien nun auch ein roter.

»Ha!« schrie da der Affe. »Mach nur weiter so. Schwarz, rot und jetzt – blau! Du wirst noch knallbunt wie eine Regenbogenschlange!«

Erschrocken ließ die Schlange von ihren Rettungsversuchen ab. Regenbogenschlangen kannte sie wohl, doch gehörten die nicht zu ihrer Art. Sie war eine Silbergraue und wollte es bleiben – um jeden Preis!

Der Schlange wurde klar, was für ein Unglück sich über ihr zusammenbraute. Was sollte sie tun? So konnte sie sich niemals sehen lassen unter ihren Schwestern.

Geräuschlos glitt sie von ihrem Baum und kroch weit fort, hinauf in die Berge, dorthin, wo keine andere Schlange sich hin verirren würde.

Sie brauchte Zeit. Zeit, zu sich zu kommen, Zeit zu heilen.

Auf ihrem Weg in die Einsamkeit der Berge glitt sie noch über manchen Fels und Stein. Mit jeder scharfen Kante löste sich mehr von ihrer silbergrauen Schutzhaut.

Hätte sich die Schlange in einem klaren Bergsee betrachtet, sie hätte ihre neue Gestalt erahnt. Schillernd und bunt wie die Farben des Regenbogens schimmerte die neue Haut unter den Fetzen des Silbergraus.

Einen Mond lang lebte die Schlange am Fuß der felsigen Gipfel. Wind und Sturm peitschten die öde Steinwüste, und die kalten Nächte setzten der Schlange zu.

Doch niemals hatte sie auf ihrem Baum einen solchen Sternenhimmel über sich gesehen. Niemals war sie dem dunklen Wolkenmeer so nahe.

Nie zuvor waren ihr Sonne und Mond so machtvoll erschienen, und nie zuvor hatte sie unter ihrem Blätterdach die strahlenden Farben des Regenbogens gesehen.

Als der Mond wieder seine volle Gestalt annahm, wurde die Schlange unruhig. Zwar waren die Silbergrauen Einzelgängerinnen, doch versammelten sich alle zu Ehren der Mondgöttin zum großen Tanz.

So verließ die Schlange die Einsamkeit der Berge und tanzte mit ihren Geschwistern den uralten Tanz. Erst als die Sonne aufging und das Land in die Farben des Tages tauchte, entdeckten die Silbergrauen ihre seltsam fremde Schwester.

»Wer bist du, daß du mit uns tanzt?« zischelte die Schlange, die ihr am nahesten war, und sie starrte sie feindselig an.

Die gewandelte Schlange begriff die Frage ihrer Schwester nicht: »Ich bin`s!« gab sie zur Antwort. Jetzt, an der Stimme, erkannten sie die anderen.

»Was soll die Maskerade?!« hörte sie unfreundlich von rechts.

Eine andere züngelte böse: »Sie wollte schon immer etwas Besonderes sein!«

Wieder andere schauten mit großen Augen und sprachen zuein-

ander: »Wie schön ihre Farben sind. Seht, unsere Schwester hat sich in eine Regenbogenschlange verwandelt!«

Da begriff die Schlange, daß sie eine neue Gestalt gefunden hatte, und sie besann sich des herrlichen Regenbogens über den Gipfeln der Berge.

Es war ihre ureigene Gestalt, die so lange unter der silbergrauen Schutzhülle geschlummert hatte. In ihrem Herzen sang sie der Schöpferin Dank für all die wundersamen Farben des Regenbogens und – für einen jeden Stein, der sie hervorgelockt hatte.

Zu ihren Schwestern aber sprach sie mit neuem Mut:

»Ja, *ich* bin es!«

Hubert Böke

»Wohin denn ich?«[*]

Wenn mir vor einigen Jahren jemand vorausgesagt hätte, daß ich nach einer Fortbildung Seminare für Trauernde anbieten und mich im Vorstand eines Hospizvereins engagieren würde, hätte ich ungläubig gelächelt und eine Beschäftigung mit den Themen Tod, Sterben und Trauer in dieser Form weit von mir gewiesen. Zwar dachte ich gelegentlich an mein eigenes Sterben und meinen eigenen Tod und war mir dabei meiner Angst bewußt. Aber ich war viel zu beschäftigt mit Alltagsdingen, um mich ernsthaft damit auseinanderzusetzen. Ich hatte nicht das Gefühl, dafür noch Zeit zu haben. Außerdem konnte ich mir eine Welt ohne die Menschen, die für mich zentrale Bedeutung hatten, meinen Mann und meine Mutter, nicht vorstellen und wollte dies auch gar nicht. Und was mein eigenes Sterben betraf, hegte ich die Hoffnung, daß an meinem Sterbebett mein Mann sitzen und meine Hand halten würde.

Dabei war es nicht so, daß es in meinem Leben nicht bereits den Tod naher Menschen gegeben hätte. Als Achtjährige war ich zum ersten Mal mit dem Tod konfrontiert, als mein geliebter Großvater starb. Annähernd zwei Jahrzehnte später starb meine Großmutter, an der ich auch sehr gehangen habe. In meinen vierziger Jahren starben Tante und Onkel, die mir wie zweite Großeltern gewesen waren, dann meine Schwiegermutter und schließlich mein Stiefvater. Mit diesen Todesfällen wurden langjährige Bindungen gelöst, die mir im Falle meiner Schwiegermutter oder meines Stiefvaters nicht immer nur positiv erschienen waren, aber nun waren sie gekappt, und das Gefühl des Verlustes überwog alles andere. Bei meinen älteren Familienmitgliedern war mir der Gedanke tröstlich, daß sie ihr Leben mit allen Höhen und Tiefen gelebt und »das Brot des Lebens aufgezehrt hatten bis auf den letzten Brosamen«.

Großelterliche Liebe hatte mich lange umgeben und half mir nun auch zu neuem Lebensmut, um mein Leben weiter zu leben.

Manche Daten brennen sich im eigenen Lebensweg unauslöschlich ein und markieren den Beginn einer neuen Zeitrechnung. So der 20.12. 1994, der Tag, an dem meine Mutter nach zweiwöchiger Krankheit starb, und vor allem der 24.1. 1995, der Tag, an dem mein Mann plötzlich und unerwartet starb, während ich auf einer Dienstreise war. Nun machte ich die Erfahrung, daß alle vorausgehenden Todesfälle mir überhaupt nicht mehr halfen. Kein tröstlicher Gedanke wollte mir kommen. Lebensmut und Lebenskraft – wohin waren sie verschwunden? In den ersten Stunden nach der Rückkehr in unser verwaistes Haus bis zur Beerdigung meines Mannes war ich wie betäubt. Ich war absolut ruhig, als ich im Beisein der Kripo meinen Mann identifizieren mußte. Ich registrierte alle Details. Zugleich hatte ich buchstäblich das Gefühl, »außer mir zu sein«, neben mir zu stehen und mir von außen zusehen zu können. Betraf mich das alles wirklich? Kurze Zeit später wich diese Erstarrung, und ich wurde im Sturm der Gefühle herumgewirbelt. Es konnte keine Rede davon sein, daß ich starke Gefühle hatte, nein, die Gefühle »hatten mich« und machten mit mir, was sie wollten. Sie schlugen über mir zusammen und brachten mich häufig ohne erkennbaren Auslöser völlig aus der Fassung, verursachten Übelkeit, ließen mich zittrig und erschöpft zurück.

Das entsetzte mich. So kannte ich mich selbst nicht. Wie sollte ich mein Leben bewältigen können, so von Gefühlen geschüttelt, nun, da ich allein war? Ich bekam Angst, verrückt zu werden. Bei Besorgungen glaubte ich plötzlich, meinen Mann in seinem dunkelgrünen Anorak gesehen zu haben, und lief mit klopfendem Herzen einem Wildfremden hinterher. Einige Zeit später schien mir meine Mutter aus dem Fenster eines vorbeifahrenden Busses zuzuwinken. An einem Samstagmorgen meinte ich deutlich zu hören, daß mein Mann von seinem frühmorgendlichen Schwimmen zurückkam, die Haustür aufschloß und in den Keller ging ...

Aber nicht nur ich selbst war mir fremd geworden. Auch andere Menschen aus dem Bekanntenkreis wurden mir fremd. Meine Welt war zusammengebrochen. Das war für mich das Wichtigste überhaupt, und ich hatte das Bedürfnis, darüber zu reden. Andere Geschehnisse, ja selbst das Wetter, registrierte ich nur sehr oberflächlich. Die üblichen Alltagsgespräche fielen mir schwer. Nicht alle Freunde und Bekannten wollten oder konnten sich jedoch von meinen starken Gefühlen berühren lassen. Das tat weh. Schmerzlich berührten mich auch die unerbetenen Ratschläge: »Du hast immer die Großstadt geliebt. Jetzt solltest du dein Haus verkaufen und dorthin ziehen«, die Vertröstungen: »Es ist doch ganz natürlich, daß uns die Eltern vorausgehen« oder: »Sie finden schon wieder einen Partner« und die Hinweise darauf, daß andere Menschen durch Krankheit oder Verlust so viel schwerer betroffen waren als ich: »Der Mann hat seine Frau verloren und sitzt nun da mit drei kleinen Kindern. Im Vergleich dazu geht es Ihnen doch gut.«

In dieser Situation suchte ich nach Unterstützung. Eine Freundin gab mir Adressen von Institutionen und Menschen, die Trauernden Hilfe anbieten. So kam ich in Kontakt mit einem evangelischen Krankenhausseelsorger. Er bot mir an, zu Einzelgesprächen zu ihm zu kommen. Hier erlebte ich nun, daß ich über meine Gefühle sprechen konnte, ohne daß mein Gesprächspartner vor der Tiefe meiner Verzweiflung zurückschreckte. Er betrachtete mit mir zusammen meine Gefühle, half mir, sie halbwegs einzuordnen, und nahm mir die Furcht, verrückt zu sein. Behutsam öffnete er mir den Blick dafür, daß ich nicht so mutterseelenallein auf der Welt war, wie es mir schien, sondern daß Menschen aus dem Verwandten-, Freundes- und Kollegenkreis durchaus ein liebevoll-anteilnehmendes Auge auf mich hatten. Als er mich einlud, im Herbst des Jahres an seinem Gesprächskreis für Trauernde teilzunehmen, nahm ich dies gern an. Es erleichterte mich, dort zu erleben, daß ich mit meinen Gefühlen nicht allein war. Andere Trauernde durchlitten Ähnliches. Zugleich zeigte sich, daß andere Menschen anders und auf ihre eigene Weise mit ihren Gefühlen umgehen. Es sprach mich sehr an, daß dies auch sehr unterstützt wurde: der inneren Stimme auf dem eigenen Weg durch die Trauer folgen. Ich hatte angenommen, daß diejenigen, die ihren Partner oder ihre Partnerin nach langer Krankheit verlieren, Abschied nehmen können, und hatte sie darum glühend beneidet. Nun erfuhr ich, daß dies keineswegs die Regel war. Damit verlor die Ermahnung: »Seien Sie dankbar, daß Ihrem Mann eine lange Leidenszeit erspart wurde« für mich ihren verletzenden Charakter. Ich konnte anerkennen, daß dies mehr als ein billiger Trost war.

Hatte mich anfangs der Sturm der Gefühle durcheinandergeworfen, so wanderte ich allmählich wieder auf festerem Grund. Meine Trauerlandschaft war die Wüste, öde und leer. Eine Richtung konnte ich für meinen Weg nicht erkennen. Oft kam mir der Gedanke, daß ich wohl im Kreis herumwanderte. Immer wieder schien ich die gleiche Seelenlandschaft zu sehen. Auf Aufstiege folgten Abstürze in die Niederungen. Dann kam die Frage, ob ich mir vorstellen könne, gemeinsam mit dem Krankenhausseelsorger für den in unserer Stadt neu gegründeten Hospizverein Trauerseminare abzuhalten und die eigene Trauererfahrung einzubringen. Darauf konnte ich mich sehr gut einlassen. Zu meiner Überraschung lebte also etwas in meiner Wüste. Es war mir wichtig, das an andere weiterzugeben, was ich selbst als hilfreich erfahren hatte: die Ermutigung, den eigenen Weg in der Trauer zu verfolgen. Zugleich suchte ich angesichts einer Umwelt, die mir signalisierte, daß ich mich nach zwei Jahren doch endlich gefangen haben müsse, auch einen Raum für mich, in dem ich traurig sein und meine Trauer zeigen durfte. Einige befreundete Menschen fanden diese Aktivität nicht begrüßenswert und meinten, ich hielte zu sehr an der Trauer fest. Es stimmt, daß ich an der Trauer festhalte. Ich will sie nicht in dem Sinne bewältigen, daß sie aufhört und keinen Platz mehr in meinem Leben hat. Ich habe lernen müssen, mit ihr zu leben, und glaube, daß sie mich begleiten wird, solange ich lebe.

Es schien mir sinnvoll, für die Trauerbegleitung nicht nur auf meine persönliche Erfahrung von Trauer zurückzugreifen, sondern eine etwas breitere Basis zu haben. Daher entschied ich mich, eine Fortbildung zur Trauerbegleiterin bei ALPHA Rheinland zu absolvieren. Da ich noch lebhaft mit meiner eigenen Trauer beschäftigt war, folgte ich der Empfehlung zu einer begleitenden Trauertherapie bei einem Therapeuten, der in der Hospizarbeit engagiert ist. Sowohl im Seminar wie auch in der Therapie beeindruckte mich tief, was ich über Haltung in der Hospizarbeit lernte und an gelebter Haltung bei der Seminarleiterin und dem Therapeuten sehen konnte. Das brachte mir die Hospizidee noch ein Stück näher. Ohnehin war ich seit seiner Gründung Mitglied des örtlichen Hospizvereins und zutiefst überzeugt, daß er einen zunächst noch kleinen, aber wichtigen Beitrag zur Sterbe- und Trauerbegleitung leistete. Daher war ich gern bereit, mich über die Trauerbegleitung hinaus zu engagieren, und wurde im Oktober 1999 zur Vorstandsvorsitzenden gewählt. Ich sehe darin die Chance, zu der weiteren Arbeit des Vereins beizutragen und damit eine Idee zu unterstützen, die ich für sehr förderungswürdig halte. Außerdem tue ich damit etwas, was auch meinem eigenen Leben Sinn gibt.

So bin ich in meiner Auseinandersetzung mit Sterben, Tod und Trauer ein kleines Stück weiter. Nach einer Zeit, in der ich meinen eigenen Tod herbeigesehnt habe, hoffe ich heute, noch etliche aktive Jahre vor mir zu haben. Immer noch habe ich Angst, wenn ich an mein eigenes Sterben denke. Mehr denn je hege ich die Hoffnung, daß mein Mann in meiner Sterbestunde bei mir sein wird.

Helgard Bausch-Weirauch

*Zitat aus den »Abendphantasien« (Hölderlin)

Zwei Gesichter der Liebe

Zwei »Gesichter« einer Frau ? Pablo Picassos »Francoise«: Lassen Sie sich einladen zu einer Begegnung. Studieren Sie dieses Gesicht, seine zwei so charakteristisch verschiedenen Hälften.

Decken Sie erst die eine, dann die andere Gesichtsseite ab.

Es ist ein interessantes Experiment, das Gleiche vor dem Spiegel zu tun: Wir alle haben »zwei Gesichter«. Jeder Mensch. Das ist zunächst eine anatomische Tatsache und nicht immer derart ausgeprägt wie bei »Francoise«. Es braucht meist ein sehr genaues

Hinsehen – die besondere Fähigkeit eines Malers. Picasso allerdings wird bei Francoise deutlicher, pointierter die »zwei Gesichter« gemalt haben, als ein Spiegel es zeigen könnte.

Ein Mensch – zwei Gesichter.

Zwei Gesichter – zwei Seiten ein und desselben Menschen.

Jeder Mensch hat zwei Seiten, zumindest zwei.

»Francoise« malt nicht schwarz-weiß, zeigt nicht eine gute und eine schlechte Seite. So einfach sind wir Menschen nicht gestrickt.

»Francoise« zeigt die eine und die andere Seite ihrer Persönlichkeit – wie Picasso sie sieht.

Wir wissen nicht, ob Sie sich einlassen wollen auf unsere Anregung, Ihr Buch »Meine Geschichte mit Dir« zu schreiben.

Hesse rät zur »genauesten Erinnerung«. Bei »genauester Erinnerung« werden auch Sie – wie Picasso – den »zwei Gesichtern« Ihrer Liebe begegnen.

In der ersten Trauerzeit neigen viele Menschen dazu, den geliebten Menschen im hellsten Licht zu erinnern. All das, was dazu nicht passen will, wird ausgeblendet (obwohl häufig ein großer Zorn sich auf den richtet, der den Trauernden »verlassen« hat). »Über Tote nichts als Gutes sagen«, ist ein Rat schon aus römischer Zeit.

In der ersten Zeit kann das wichtig sein und gut: Ich erinnere mich an all das, was gut war miteinander, an all das, was ich zurücksehne, was ich so schmerzlich vermisse.

Nun wollen wir Sie gewiß nicht ermutigen, über Ihren geliebten Menschen »Ungutes« zu sagen. Doch wissen wir aus unserer Erfahrung mit trauernden Menschen, daß es zur »seelischen Arbeit« der Trauer gehört, den verlorenen Menschen so zu erinnern, wie man einander wirklich erlebt hat. Wir alle sind keine Heiligen, und es ist wichtig, daß auch in Ihrer Erinnerung kein »Heiliger« aus dem Menschen Ihrer Liebe wird.

Trauernde mit all ihren nagenden Schuldgefühlen neigen häufig dazu, alles Belastende, alles »Unvollkommene« auf ihre Seele zu nehmen. Der Verstorbene wird davon ausgespart. So müssen sie doppelt tragen an dem, was zu jeder guten Beziehung dazu gehört: das Aneinanderreiben, der Ärger über den anderen, der Streit. Wäre es in Ihrer Beziehung anders gewesen, wie hätten Sie es miteinander ausgehalten? Jeder Mensch hat seine eigene Persönlichkeit, seine eigenen Empfindungen, seinen eigenen Willen, seine eigenen Wünsche. Beziehungen, die nur harmonisch sind, gibt es in Schlagern, nicht aber in der Wirklichkeit.

Wie jeder Mensch seine zwei Gesichter hat, hat auch jede Beziehung ihre zwei Gesichter.

Aus der Rückschau heute sind es oft Nichtigkeiten, an denen der Alltagsstreit sich entzündet hat. Und Trauernde würden alles dafür tun, könnten sie diese Streitigkeiten rückgängig machen.

Es braucht in der Trauer lange Zeit, auch das »zweite Gesicht« des geliebten Menschen, das »zweite Gesicht« der Beziehung zuzulassen.

Verloren ist damit nichts. Ganz im Gegenteil: Solcher Respekt vor der ganz eigenen Persönlichkeit des geliebten Menschen, vor dem wirklich gelebten gemeinsamen Leben, solche Ehrlichkeit kann befreien, kann Zentnersteine von der Seele nehmen. Sie kann zu einer großen Entdeckung werden: Gerade weil der Geliebte so war, wie er war, haben wir einander geliebt; und gerade deshalb bleibt die Liebe im Herzen.

Schauen Sie noch einmal ganz bewußt in Picassos Bild hinein. Empfinden Sie es wie ich? Picasso hat die »zwei Gesichter« seiner langjährigen Gefährtin mit Liebe gemalt. Ich ahne, daß Francoise nicht Francoise wäre, hätte er sie in diesem Bild »eingesichtig« gemalt. Zudem kann ich nicht sagen, welche Seite der »Francoise« mich mehr anspricht.

Es ist wohl so. Wir Menschen sind nicht mit einer Farbe gemalt – unter der silbergrauen Haut liegen die Farben des Regenbogens (s. S. 66 f.) verborgen.

Mein Nest

Ein Mensch hat – zumindest – zwei Gesichter. Ich möchte auf ein »drittes Gesicht« aufmerksam machen.

Mit dem »dritten Gesicht« meine ich eine Seite in uns, die wir nie gelebt haben oder die uns verlorengegangen ist.

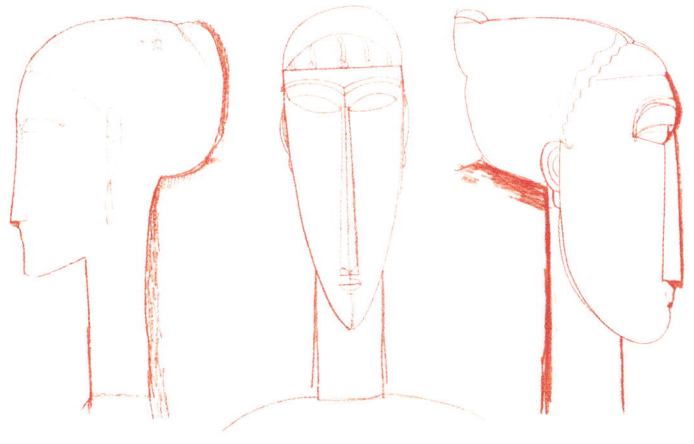

In einer nahen Beziehung, zumal in einer Partnerschaft, gehen Menschen einen gemeinsamen Weg. Gemeinschaft ist das große Geschenk einer nahen Beziehung. Gemeinsam leben heißt aber auch, sich aufeinander einzustellen, manches »Eigene« zurückzustellen, Kompromisse zu schließen. Es kann nicht jedes Interesse, jede Begabung, jeder Gedanke deckungsgleich sein. Eher ziehen sich Gegensätze an. Ich liebe gerade diesen Menschen, *weil* er anders ist als ich.

Im schmerzlichen Alleinsein ist eine Herausforderung, das »alleine leben« zu gestalten, »Seiten« zu entdecken, zu leben, die zuvor nicht lebbar waren:

Eine sechzigjährige Frau stand vor einer schweren Entscheidung. Sollte sie noch einmal nach einer neuen Bleibe Ausschau halten? Es sprach vieles dafür. Dennoch war sie sehr im Zweifel. Mehr als 20 Jahre hat sie mit ihrem verstorbenen Mann in der jetzigen Wohnung gelebt. Wäre ihr Mann damit einverstanden? Sie mußte selbst die Entscheidung treffen. Im Nachhinein erwies sich der Schritt als der Richtige. Sie fühlt sich heute in ihrer neuen Wohnung »zu Hause«. Vieles ist aus der alten Wohnung mit umgezogen. Jeder kleine Teil war mit Erinnerungen verbunden. Sie hatte zu entscheiden, was sie begleiten sollte und was zurückbleiben mußte.

In ihrem Wohnzimmer hat sie einen Ort ihres Gedenkens geschaffen. Auf einem mit frischen Blumen, einer warmleuchtenden Salzlampe und Halbedelsteinen schön gestalteten Tisch stehen Bilder ihres gemeinsamen Lebens, vor allem das Bild, das sie besonders liebt: eine Photographie ihres Traumurlaubs in Neuseeland; zwei Menschen in ihrem Glück. Auf dem Tisch liegt auch ein Tagebuch ihres Mannes. Bis heute hat sie nicht darin gelesen, aber es ist ihr wichtig, daß es seinen Platz hat. An jedem Morgen und an jedem Abend nimmt sie ganz bewußt die Zeit – und oft genug am Tag –, um bei ihrem Mann zu sein. Am »Altar ihrer Erinnerung« holt sie sich Kraft.

In der neuen Wohnung aber hat sie sich auch einen anderen Ort geschaffen, ein Zimmer, das nur ihr gehört. Selbst Freunde haben hier keinen Zugang. Die stilvollen Möbel hat sie ganz nach ihrem eigenen Geschmack ausgewählt. Es ist ihr »Nest«, ihr ganz persönlicher Raum, in den sie sich zurückzieht. Hier schreibt sie ihr Tagebuch und ihre Briefe. Hier hört sie gute Musik, arbeitet kunsthandwerklich. Hier weint sie.

War sie damals in Zweifel, heute ist sie froh über ihr »eigenes zu Hause«: »Ich muß jetzt mein Leben leben. Er kommt doch nicht zurück.«

Sie tut Dinge, zu denen sie früher einfach nicht gekommen ist: Yoga, töpfern, Briefe schreiben. Ihren Urlaub verbringt sie an der See. Ihr Mann wollte in die Berge. Sie ist ohne Groll mitgefahren. Heute genießt sie mit ihrer Freundin den Urlaub an der dänischen Ostsee. Sie sagt: »Ich würde alles dafür tun, noch einmal mit meinem Mann in die Berge zu fahren. Aber ich bin sicher, daß er mir die See gönnt.«

Lene Knudsen-Böke

Vergiß das Leben nicht

Hoch droben im Norden der Welt lebten einst ein Mann und eine Frau, die waren einander sehr zugetan.

All das, was das Leben ihnen gab, Gutes und Schweres, hatte sie über die Jahre zusammenwachsen lassen. Der eine konnte ohne den anderen nicht leben.

So hofften sie darauf, daß das Schicksal es einmal gut mit ihnen meinen würde und sie am Ende ihrer Tage gemeinsam ihr Grab fänden.

Doch bestimmt ein anderer unsere Wege. Die Frau starb in einem kalten Winter in der Blüte ihrer Jahre. Ihr Mann war untröstlich.

Tag um Tag verbrachte er an ihrem Grab. Nichts anderes war in seinem Sinn, als ihr bald nachzusterben.

Es war ihm nicht bestimmt. Die Jahre vergingen, und das Leben kehrte ganz leise zu ihm zurück. Auf den Wiesen blühten die Blumen, und am Morgen sangen die gefiederten Sänger ihr Lied.

»Ich will es noch einmal wagen«, sagte sich der Mann. Er freite eine Wittfrau, und über das Jahr war das Aufgebot bestellt.

Am Morgen der Hochzeit ging er zum Grab seiner ersten Frau. Er wollte ihren Segen erbitten. Da öffnete sich das Grab. Die Frau stieg herauf und lud ihren Gatten zu einem Glas Wein. »Wie in alten Zeiten, als wir es gut miteinander hatten.«

Der Mann mußte bitterlich weinen. Sie reichte ihm ein zweites Glas. Das trank er. Dann aber wollte er gehen, trotz des Schmerzes in seinem Herzen, denn die Braut wartete auf ihn. »Bleib' noch ein Weilchen. Was macht's, wenn sie wartet.«

Er blieb, bis die Zeit ihn drängte. Sie sagten einander »leb wohl«, und er eilte endlich zur Hochzeitsgesellschaft.

Die Braut hatte lange gewartet – und dann einen anderen geheiratet. Das Holzkirchlein hatte der Blitz erschlagen. Niemand war mehr da, der ihn kannte. 30 Jahre hatte er am Grab seiner Frau zugebracht. Sein Haar war grau, sein Rücken gebeugt.

Jetzt wartete auf ihn nur noch das eigene Grab.

Hubert Böke, nach einem finnischen Märchen

Wenn Trauer krank macht

Das Trauern ist unsere Fähigkeit, den Verlust eines geliebten Menschen bewußt zu erleben und dem seelischen Schmerz darüber in vielfältiger Weise Ausdruck zu geben. Es gehört zu unserem Menschsein und ist so notwendig wie normal. Die Psychiatrie und die medizinische Psychologie kennen aber auch den Begriff der pathologischen, der krankmachenden und »kranken« Trauer. In ihr gefangen, reagiert der betroffene Mensch nicht mit der allmählichen Ablösung und Wiederherstellung der verlorenen geliebten Person in seinem Inneren, sondern leidet unter einer langanhaltenden Depression und damit an sich selbst. Diese Depression ist durch eine Vielzahl seelischer und auch körperlicher Störungen gekennzeichnet: Selbstvorwürfe und Schuldgefühle, oft tränenlose Traurigkeit, innere Leere, Verzweiflung, Freudlosigkeit, Mutlosigkeit, Schwund jeglichen Interesses an Menschen und Aufgaben, die früher etwas bedeuteten, Gleichgültigkeit, Minderwertigkeitsgefühle, Hoffnungslosigkeit, Ängstlichkeit, Grübelneigung und »Leere im Kopf«, Entscheidungsunfähigkeit, körperliche Gehemmtheit oder rastlose Unruhe, Kraftlosigkeit und diffuse Körperschmerzen. Schlafstörungen und Appetitlosigkeit mit Gewichtsabnahme können die depressive Verstimmung noch vertiefen. Häufig treten auch Selbstmordgedanken auf. Um im Bild des finnischen Märchens (s. S. 82 f.) zu bleiben: Der Depressive kann sich nicht vom Grab weg-, nicht zum Leben hinbewegen.

Sigmund Freud beschrieb den Unterschied zwischen normaler Trauer und Depression als pathologischer Trauerreaktion, von ihm Melancholie genannt, Anfang des vorigen Jahrhunderts so: »Bei der Trauer ist die Welt arm und leer geworden, bei der Melancholie ist es das Ich selbst. Der Kranke schildert uns sein Ich als nichtswürdig, leistungsunfähig und moralisch verwerflich, er macht sich Vorwürfe, beschimpft sich und erwartet Ausstoßung und Strafe. Er erniedrigt sich vor jedem anderen, bedauert jeden der Seinigen, daß er an seine so unwürdige Person gebunden sei. Er hat nicht das Urteil einer Veränderung, die an ihm vorgefallen ist, sondern streckt seine Selbstkritik über die Vergangenheit aus; er behauptet, niemals besser gewesen zu sein. Das Bild dieses – vorwiegend moralischen – Kleinheitswahnes vervollständigt sich durch Schlaflosigkeit, Ablehnung der Nahrung und eine psychologisch höchst merkwürdige Überwindung des Triebes, der alles Lebende am Leben festzuhalten zwingt.«

Wie kommt es zu einer solchen Entwicklung? Wird der normale Trauerprozeß aus Gründen, die in der Person des Betroffenen selbst und/oder in seiner Familie liegen können, behindert oder verhindert, der seelische Schmerz sogar ganz verdrängt, wird die Seele krank. Mit anderen Worten: Gehemmtes Trauern bedeutet, daß ein Verlust nicht durchlebt und als leidvolle Erfahrung integriert wird, daß die Trauerarbeit fehlt. Fast zwangsläufig bildet sich deshalb eine Depression heraus, die nicht nur die betroffene Person belastet, sondern auch zur Entwicklungsstagnation der dazugehörigen Familie führen kann. Häufig kommt es zu Selbstheilungsversuchen, die aber meist untauglich, wenn nicht sogar gefährlich sind. Wird jedoch eine Depression als behandlungsbedürftige pathologische Trauerreaktion diagnostiziert, kann im gesprächstherapeutischen Raum (Psychotherapie) die notwendige Trauerarbeit nachgeholt werden. Allein dadurch wird es dem betroffenen Menschen möglich, wieder eine Lebensperspektive für sich zu finden.

Als Frau L. vor einem halben Jahr in meine psychotherapeutische Sprechstunde kam, war sie bereits den langen Leidensweg der »kranken« Trauer gegangen. Sie hat ihn aufgeschrieben und mich ausdrücklich gebeten, ihre Gedanken und Gefühle (ab S. 86 in Ausschnitten) an Mitbetroffene weiterzugeben.

»Bis Anfang März 1967 waren wir, mein Mann, unsere vier Kinder und ich, eine ganz normale Familie. Dann erkrankte unser ältester Sohn, Hans-Peter, geb. 1958, schwer. Nach vielen schmerzvollen Untersuchungen, die er mit bewundernswerter Tapferkeit ertrug, lautete die Diagnose: Leukämie (Blutkrebs). Wir waren fassungslos. Furchtbare Angst kroch in mein Herz und legte sich wie ein eiserner Ring darum. Das Atmen wurde mir schwer. Ein unvorstellbarer Leidensweg begann. (...) Die Medikamente schlugen nicht an. Da entschloß sich Prof. Dr. B. zu einer Knochenmarktransplantation. Da ich die gleiche Blutgruppe hatte wie mein Sohn, entschied der Arzt sich für mich als Spenderin. Nach vier Tagen die erlösende Nachricht: Hans-Peter nahm das Knochenmark an und reagierte erstmals auf die verabreichten Medikamente!! Ich ›spielte‹ die fröhliche, unbefangene Mutter (ich hätte schreien können), machte Hans-Peter Mut und versprach ihm, daß alles gut würde. Ein Versprechen, das ich nicht halten konnte. (...) Nach über drei Monaten war es dann soweit: Hans-Peter konnte die Klinik verlassen. (...) Ein Wermutstropfen aber blieb: Bei der Entlassung hatte der Arzt durchblicken lassen, daß es zu einem Krankheitsrückfall kommen könne. (...) Dann, im Frühjahr 1972, genau fünf Jahre nach Ausbruch der Krankheit, klagte Hans-Peter häufig über starke Kopfschmerzen, Gliederschmerzen und Schwäche. Nach einer Odyssee durch verschiedene Arztpraxen brachte man uns schonend bei, daß dies der zweite Leukämie-Schub und ein Krankenhausaufenthalt dringend notwendig sei. Hans-Peter war nur noch ein Häufchen Elend. In seinen Augen standen Hilflosigkeit und Angst. Er tat mir so leid. Er bat: ›Tut mich doch nicht ins Krankenhaus. Mama, du kriegst mich zu Hause auch bestimmt wieder hin.‹ Hätte ich es nur getan! (...) Dann verschlechterte sich sein Zustand zusehends. Jetzt fuhr ich schon morgens in die Klinik, um möglichst viel bei meinem Jungen zu sein. Er war so glücklich, wenn ich kam, und seine Angst wurde weniger. (...) Das Sprechen fiel ihm immer schwerer. Weil er so heiße Beine hatte, kühlte ich sie ihm mit Wasser. Es war so wenig, was ich für ihn tun konnte ...

Gott sei Dank hatte ich in dieser schlimmen Zeit meine Mutter noch, die sich um die anderen Kinder kümmerte und den ganzen Haushalt schmiß. Nur gedankt habe ich meiner Mutter nie!

Es war Freitag, der 28. April 1972. Am Nachmittag hatte der Arzt mir schonend beigebracht, daß Hans-Peter sterben muß. Tief in meinem Innern wußte ich es eigentlich schon, doch so direkt ausgesprochen war es wie ein Schlag ins Gesicht. Peter bettelte immer wieder, ich solle doch bei ihm bleiben. Ich bat den Arzt, mich bei meinem Kind zu lassen. Alles Bitten half nicht, und in der Nacht schickte man uns wieder nach Hause. Heute mache ich mir Vorwürfe, nicht einfach geblieben zu sein!

Hans-Peter sagte jetzt immer öfter: ›Ihr laßt mich doch nicht im Stich? Wenn ich Euch brauche, seid Ihr doch da, ja?‹ Er wußte bestimmt, daß er sterben mußte, er sagte es nur nicht so direkt. Am Freitag, dem 05.05.1972, bekam unser Kind die Heiligen Sterbesakramente. (...) Wir mußten schweren Herzens in der Nacht wieder nach Hause gehen. Den Rest der Nacht saß ich am Telefon und erkundigte mich stündlich nach seinem Befinden. Gegen acht Uhr hieß es, wir, mein Mann und ich, sollten ganz schnell kommen. Nur einen Gedanken hatte ich im Kopf: ›Lieber Gott, laß uns noch rechtzeitig da sein!‹ Hans-Peter hatte unser Versprechen dazusein, wenn er uns brauchte. Unsere Herzen rasten, wir sprachen beide kein Wort. Auf dem Flur der Klinik kam uns der Arzt mit den Worten entgegen: ›Mein Gott, wo bleiben Sie denn? Hans-Peter hat bis zuletzt nach Ihnen gefragt, er ist um 8.30 Uhr leider verstorben. Es ging alles ganz schnell.‹ Ich konnte es nicht fassen, wir waren zehn Minuten zu spät gekommen, zehn Minuten, um wortbrüchig zu werden!! Wir brachten beide kein Wort heraus und gingen mit zitternden Knien ins Sterbezimmer. Eine seltsame Ruhe kam über mich, Tränen hatte ich keine. (...) Nach dem Tode meines Sohnes war ich von einer Normalität des Alltags weit entfernt. Eine unendliche Traurigkeit und Sehnsucht legten sich über mich und deckten mich regelrecht zu. Wenn ich ehrlich bin, muß ich sagen, daß sogar die anderen Kinder kein Trost für mich waren. (...)

Kurz vor dem Weihnachtsfest – das erste ohne Hans-Peter – war der Besuch wieder mal da und ging mir schrecklich auf die Nerven. Bis zu diesem Abend hatte ich noch nie Alkohol getrunken. Ich wurde aufgefordert, doch ein Gläschen mitzutrinken. Aus dem einen kleinen Glas wurden schnell zwei und drei. Eine wohlige Wärme durchrieselte mich, plötzlich war mir viel leichter ums Herz, und sogar der Besuch störte mich nicht mehr. In dieser Nacht schlief ich seit Wochen wieder tief und fest. Damit war 1973 der Anfang zur Sucht gemacht. Bald torkelte ich nur noch durch die Wohnung, hatte nichts gekocht, und alles lag im Argen. Mein Mann kürzte mir das Wirtschaftsgeld, aber ich bat die Kinder, mir etwas von ihrem Taschengeld zu geben. Weil ich nicht mehr in der Lage war, mich um Familie und Haushalt zu kümmern, sprang mein Sohn Klaus, damals dreizehneinhalb, immer wieder ein. (...)

Der Entzug in einer psychiatrischen Klinik war so schlimm, daß ich fast daran gestorben wäre. Damals schwor ich mir: Nie wieder Alkohol! Ich war bei Hans-Peter schon einmal wortbrüchig geworden und bin nie damit fertig geworden. Bald sollte ich auch mein Wort – nie wieder Alkohol – brechen... Bis zum Winter 1975 ging alles gut. Dann bekam ich Angstzustände. Ich dachte in meiner Not: Wenn du nur einen kleinen Schluck trinkst, geht es dir bestimmt besser. Und so war es auch. Ich hing wieder drin und war bald total heruntergekommen. (...) An einem Abend kam es zu einem heftigen Streit zwischen meinem Mann und mir. Ich ließ meine Kinder einfach im Stich! Zog mich an, torkelte zur Bushaltestelle und fuhr zu meiner Mutter. Sie nahm mich auf mit den Worten: ›Dich bieg ich wieder hin, koste es, was es wolle, und wenn ich selber draufgehe.‹ Es wurde ein richtiges Kräftemessen zwischen uns beiden. (...) Das alles ist jetzt 25 Jahre her, und ich bin nicht mehr rückfällig geworden.

Ich konnte aber den Tod des ältesten Sohnes einfach nicht verwinden. Nachts biß ich vor Sehnsucht nach ihm ins Kissen, kroch unter die Bettdecke und schrie meinen Schmerz dort hinein. Mit dem Rad fuhr ich zu einer Kiesgrube und schrie über das Wasser, so laut, daß die Enten erschreckt hochflogen. Es war der Beginn einer tiefen Depression, und mein Weg sollte mich noch durch manche Arztpraxis und Klinik führen. Medikamente sollten mir helfen, aus dieser Depression herauszukommen. Aber sie machten mich nur müde. Um diese Müdigkeit loszuwerden, fragte ich in der Apotheke nach einem stimmungsaufhellenden Präparat. Damit war ich einfach nur noch gut drauf. Aber mit der Zeit brauchte ich immer mehr davon. Schon war ich in eine neue Sucht getappt! (...)

Eines Tages sagte ich mir: Jetzt ist Schluß! Von einem Tag zum anderen nahm ich diese verdammten Tabletten nicht mehr. Ich machte Schreckliches durch, die Wände hätte ich hochgehen können. Aber die Depression blieb. Im Herbst 1998 wurde es so schlimm, daß ich meine Zeit fast nur noch im Bett verbrachte. Ich löschte mich langsam aus. Dann kam ich noch einmal in eine psychiatrische Klinik. Eine Mitpatientin riet mir, nach der Entlassung Gespräche zu führen. (...) Heute bin ich bei einer wunderbaren Ärztin in Behandlung, die mit mir eine Gesprächstherapie macht. Der Boden unter meinen Füßen wird dank ihrer Hilfe immer fester. Es erleichtert mich sehr, mich öffnen und meinen tiefen Schmerz herauslassen zu können.«

Wer wie Frau L. psychotherapeutische Hilfe sucht, hat verschiedene Möglichkeiten, sie zu finden:

- – Nachfrage bei der zuständigen Krankenkasse.
- – Nachschlagen in den Gelben Seiten unter den Rubriken »Ärztliche Psychotherapie« oder »Psychologie, psychologische Beratung«.
- – Sehr lohnend kann auch die Nachfrage im Freundes- und Bekanntenkreis mit »Insider-Tipps« sein.

Kriemhild Synder

Das Einzig-Bleibende ist die Liebe

Immer wieder lese ich auf Sterbeanzeigen diesen Satz von Thornton Wilder:

> »Da ist ein Land der Lebenden,
> und da ist ein Land der Toten.
> Die Brücke zwischen ihnen ist die Liebe,
> das Einzig-Bleibende, der einzige Sinn.«

»Da ist ein Land der Lebenden« – so ist es, wir leben darin; »und da ist ein Land der Toten.« Ist es so?

Durch die Jahrtausende hindurch teilten Menschen aller Kulturen und Religionen die Grundvorstellung von einem »Land der Toten« und einer »anderen Welt«. In den konkreten Bildern unterschieden sie sich jedoch sehr. Da ist die Vorstellung von einem Totenreich, in dem die Verstorbenen nur noch als Schatten ihrer selbst leben. Da ist die Vorstellung von einem Paradies, in dem Leben in Fülle und Vollkommenheit wartet. Die atheistische Vorstellung, daß das Land der Lebenden »alles ist« und der Tod für den Einzelnen das »Ende aller Dinge«, diese Vorstellung ist – geschichtlich gesehen – »neu«.

Die Frage aber, wo unsere Toten sind, geht über Vorstellungen, Theologien und Philosophien hinaus. Sie bewegt Trauernde in der Tiefe ihres Herzens. Und damit die andere Frage: Ist da eine Hoffnung auf ein »Wiedersehen«?

Ist da ein Land der Toten, und: Hat es eine Brücke, welche die Lebenden mit den Toten verbindet?

Wir möchten hier keine theologisch-philosophischen Antworten geben; wir möchten dagegen erzählen von Menschen und ihren

Erfahrungen, ihren »inneren Bildern«. So von dem 42jährigen Herrn B. (s.S. 28 f.), der zwei Tage vor seinem Tod dieses Bild malte:

Wir haben einen kurzen Blick auf den »inneren Kampf« des Herrn B. werfen können. Wir haben erfahren von seiner Suche nach dem Ariadnefaden, der ihn aus seinem Labyrinth hinausführen konnte. Jetzt, am Ende seines Weges, ist da eine große Klarheit. Herr B. hat zu diesem, seinem letzten Bild, nichts mehr sagen können. Er mußte es nicht. Es ist sein Bild von dem Land, das er nun bald betreten würde.

Häufig zeigen wir dieses Bild Menschen, die sich persönlich oder beruflich mit dem Sterben auseinandersetzen. Immer sind sie sehr berührt. Für uns ist es dabei ein besonderer Augenblick, dieses letzte Bild zu zeigen. Es berührt das Gefühl eines großen Geheimnisses, ein Empfinden von Heiligkeit – ein Mensch, der am Ende seines Lebens, körperlich »zerfallen«, eine solche Klarheit findet und sie auszudrücken vermag!

Es ist ein sehr persönliches Bild. Zugleich aber berührt es kosmische Dimensionen. Vielen fällt der Stern auf. Nachwievor scheint er am Himmel: »Es ist, als würde sein Weg noch weitergehen«, sagte eine Kursteilnehmerin. »Wie in dem anderen Bild scheint der Stern, um den Weg zu zeigen.« – Wir können Herrn B. nicht mehr befragen, aber mir ist der Gedanke nahe. Unser Weg ist – »so Gott will« – mit dem Tod nicht zu Ende, wir gehen nicht auf im »Großen Licht«. Etwas in uns lebt weiter. Das Licht des Sterns verlischt nicht vor dem Licht der Sonne.

Viele Menschen berichten von »Nah-Tod-Erfahrungen«. Ich höre in meiner Aufgabe als Seelsorger von sehr unterschiedlichen Erfahrungen und Bildern. Die »Visionen an der Grenze« haben offenbar eine sehr »persönliche Farbe« – so wie das Bild des Herrn B. Es ist ein Bild gemalt »im Angesicht *seines* Todes«.

Häufig aber berichten Menschen, daß sie an der Grenze von vertrauten Menschen empfangen werden, welche die »Brücke« schon überschritten haben: Eine ältere Dame erzählte zum Beispiel, sie sei durch einen langen, dunklen Tunnel gegangen. Irgendwann war da ein Licht. Es schien aus einer offenen Tür; in dieser Tür stand der Mensch, der ihrem Kinderherzen so nahe stand: ihr Vater. Er war früh schon gestorben, jetzt wartete er auf sie an der Grenze zur anderen Welt.

Sie standen einander gegenüber, nicht nahe genug, um sich in die Arme zu nehmen, und doch spürten sie ihre Liebe. Sie wäre gern mit ihrem Vater gegangen, aber ihre Zeit war noch nicht gekommen. Sie mußte wieder umkehren.

Die alte Dame erzählte es mir unter Tränen. Dann aber sagte sie: »Das alles hat sein Gutes. Heute bin ich vorbereitet. Ich habe keine Angst vor dem Tod. Ich weiß ja, ich werde erwartet.«

Ich selbst bin vorsichtig. Mir liegt nicht daran, zu überzeugen, daß es so sei. Aber es liegt mir viel daran, diejenigen zu ermutigen,

die eine Hoffnung auf ein Wiedersehen in sich spüren: Vertrauen Sie Ihrem Gespür!

Es gibt »gute Gründe« zu solcher Hoffnung, und es gibt Gründe genug, solcher Hoffnung nicht zu folgen. Es ist eine sehr persönliche Entscheidung! Auch hier rate ich sehr, auf die eigene »innere Stimme« zu achten.

Was immer Sie in Ihrem Herzen bewegt, der Gedanke des Thornton Wilder wird auch Sie ansprechen:

> *»Die Brücke zwischen ihnen ist die Liebe,*
> *das Einzig-Bleibende, der einzige Sinn.«*

Kein Augenblick, der Sie in Liebe verbunden hat, ist verloren. Der Tod hat eine große, fürchterliche Macht. Er nimmt uns den geliebten Menschen von unserer Seite. Doch die Macht, ihn aus unserem Herzen zu reißen, hat er nicht.

Es mag sein – viele Menschen berichten davon –, daß wir »von Zeit zu Zeit« Besuch empfangen dürfen. Es mag sein, daß die Brücke zwischen den Welten manches mal geöffnet wird – und uns berührt die flüchtige Ahnung, daß die Welten voneinander nicht so sehr getrennt sind, wie unser modernes Bewußtsein es uns weismachen will.

Ist dort ein Land der Toten, dann sagt uns das Bild des Herrn B., er habe seinen Weg weiterzugehen, er solle seinem Leitstern folgen in der anderen Welt.

Wir, im Lande der Lebenden, sollen wohl unserem Leitstern folgen, neue Aufgaben annehmen, andere Lebensmöglichkeiten leben:

> *»In leisen Minuten höre ich deine Antwort:*
> *Verteile deine Liebe an die Lebenden*
> *zu meinem Gedenken.« (S. 58)*

Wenn eine gute Macht es fügt, werden unsere Wege sich wieder kreuzen.

Hubert Böke

Eine Verabredung ...

Wir begleiten beide Menschen in ihrer Trauer. Das hat seine Belastungen, das hat seine Geschenke – auch für unsere Partnerschaft.

Geschenk und Belastung zugleich ist es, daß wir uns der Endlichkeit unseres gemeinsamen Lebens bewußter werden. Es ist nicht ein tägliches Rechnen mit dem Abschied, aber doch das vertrautere Wissen darum, daß einer von uns beiden zuerst gehen muß.

In den Kreidefelsen der dänischen Insel Mön gibt es einen Ort, der für uns beide eine ganz besondere Bedeutung hat. Wir haben hier einen der schönsten und tiefsten Augenblicke unser Partnerschaft erlebt. – Irgendwann später haben wir uns »verabredet«. Der zuerst geht, wird dort den anderen erwarten, wenn sein Abschiedstag kommt.

Haben wir ein »Recht« zu dieser »Verabredung«?

Wissen wir, wenn der eine geht, wohin ihn sein Weg führt? Wissen wir, mit welchen Menschen der andere, der bleibt, seinen Weg weitergehen wird, welche neuen Bindungen er eingehen wird?

Wir sind uns heute nur in einem gewiß: Was wir in vielen gemeinsamen Jahren leben, was uns in Liebe verbindet, das wird nicht aus unseren Herzen fallen. Ein guter Teil unserer Seelen wird immer verbunden bleiben.

Aber werden wir unsere »Verabredung« einhalten können; dürfen wir selbst den Ort bestimmen, an dem wir uns wiederfinden?

Wir hören von anderen, daß auch sie »Verabredungen« getroffen haben: Zu einer bestimmten Stunde wollen sie aneinander denken; ein ausgewählter Stern am Himmel soll der »Treffpunkt« sein; ein Lied, eine Melodie, ein Duft soll Brücke werden.

Susanne Fleer, Anfang dreißig, ist nach Jahren ihres Kampfes gegen den Krebs dem Tod nah. Sie spricht offen mit ihrem zehnjährigen Sohn Jonas:

»...da habe ich gesagt, daß ich wieder krank geworden bin und daß ich diesmal auch nicht wieder gesund werden würde. Seine erste Reaktion war Fassungslosigkeit und Entsetzen. Ich habe einfach mit ihm auf dem Bett gelegen, unter einer Decke, und habe darauf gewartet, bis er sich wieder beruhigt hatte. Und ich wußte vorher selbst nicht, was ich sagen würde und wie ich sein würde. Und dann habe ich ihm einfach ein bißchen erzählt, wie es mir geht. Daß ich keine Angst mehr habe und daß er auch keine haben braucht, und ich habe ihm erzählt, daß ich so fühlen würde, als wenn ich nicht weg wäre. Und dann haben wir Zeichen ausgemacht. Also erst mal war das für ihn eine große Erleichterung, die Vorstellung, daß ich nicht weg bin, daß er mit mir einfach immer in Kontakt sein kann. Es war einfach ganz fremd für ihn, und er wollte ganz viel wissen. Soviel kann ich ihm ja auch nicht dazu sagen, einfach nur, was ich fühle, wie das sein könnte. Und dann habe ich ihm gesagt, er würde mich dann zwar nicht mehr sehen, nicht mehr anfassen. Aber so innen drin – wenn er mich lieb hat, würde er mich weiter spüren, wie ich da bin. Und das hat er auch ganz angenommen. Wir haben Zeichen ausgemacht, und dann habe ich ihm gesagt, wenn er mich in seinen Traum einladen wollte in der Nacht, dann könnte er eine Rose auf den Nachttisch stellen, denn da stand gerade eine, oder sich vorstellen, da stände eine, falls er keine hat. Und dann würde ich Bescheid wissen, dann würde ich in seinen Traum kommen, und er könnte mit mir sprechen.«

Verabredungen, Zeichen – manche Menschen spüren in sich eine Ahnung, ein »Wissen« darum, als gäbe es Brücken zwischen den Welten, die der Tod nicht zerstört.

Doch gehört das Leben dem »Lebenden«. Er wird weiterleben, seine Zeit gestalten, sich noch einmal einlassen auf das Leben. Eine

»Verabredung« darf deshalb – um der Liebe willen – niemals binden, darf Leben und Lieben nicht unterbinden. Liebe verbietet niemals zu leben, Liebe verbietet niemals zu lieben.

Unsere »Verabredung« soll dem, der bleibt, das Leben nicht zur Qual werden lassen. Sie soll nicht andere ausschließen. Sie ist einfach das: ein Zeichen unserer Verbundenheit, die der Tod nicht beenden wird – auch dann nicht, wenn der, der bleibt, eine neue Liebe finden sollte.

In seiner Trauer aber, in seinem Leben, wird der »geheime Ort« in den Kreidefelsen Möns ein Ort der Liebe bleiben, ein Ort auch schmerzlicher Erinnerung und großer Einsamkeit. Und – irgendwann einmal– auch ein Ort der Dankbarkeit für das Leben, das uns geschenkt war.

In jeder Trauer gibt es solche »Orte«, vielleicht auch einen solchen besonderen Ort. In »Raunen« wird die trauernde Frau zu einem gemeinsamen Lieblingsort geführt. Manchmal suchen Menschen in ihrer Trauer diesen Ort tatsächlich auf, manchmal geschieht es in Gedanken. Jede Beziehung, jede Liebe hat ihre besonderen Orte und Zeiten, ihre besonderen Riten und Gewohnheiten, Geräusche, Düfte, Melodien, Zeichen – es tut weh, und doch ist es gut, sie im Herzen zu behalten.

Vielleicht gibt es auch für Sie eine solche »Verabredung«, einen solchen »Ort«, ein solches »Zeichen« – selbst wenn Sie niemals darüber gesprochen haben?

Auch der »kleine Prinz« von Saint-Exupéry weiß um solche Verabredungen; oft finden sich seine Worte auf Sterbeanzeigen:

»Wenn du bei Nacht den Himmel anschaust, wird es dir sein, als lachten alle Sterne, weil ich auf einem von ihnen wohne, weil ich auf einem von ihnen lache. Du allein wirst Sterne haben, die lachen können! (...) Und wenn du dich getröstet hast (...), wirst du froh sein, mich gekannt zu haben. Du wirst immer mein Freund sein. Du wirst Lust haben, mit mir zu lachen(...)«

... und ein Versprechen

Ein älterer Herr, Anfang siebzig, hatte seiner Frau versprochen: »Ich werde nicht unter die Räder geraten.«

Ich lernte ihn nach überstandener Bypass-Operation kennen. Er kam nur langsam wieder zu Kräften. Der eigene Wille war es nicht, der ihm aufhalf. Es war das Versprechen.

Seine Frau hatte es ihm kurz vor ihrem Tod abgenommen. Sie sei immer die Stärkere gewesen, sagte er, der Mensch, an den er sich habe anlehnen können. Sie hatte es gewußt und konnte erst gehen, als er ihr »hoch und heilig« das Versprechen gegeben hatte.

Nun war da nicht nur die kraftzehrende Genesung; vor ihm lag der ganze Alltag, den er im Wesentlichen alleine zu bestehen haben würde: »Ich werde es schaffen. Ich habe es ihr versprochen.«

Nach der Entlassung aus der Rehaklinik hatte ich nichts mehr von ihm gehört. Gut ein Jahr später kam ein Brief:

»Es ist noch sehr schwer. Mit allem muß ich alleine fertig werden. Aber ich schaffe es! Ich habe es ihr am Sterbebett versprochen! Jeden Morgen mache ich mir meinen Plan, und es geht. Am Abend streiche ich aus, was ich geschafft habe. Manchmal bin ich dann richtig stolz auf mich. Siehst du, ich hab's heute wieder geschafft.

Ich weiß nicht, ob mir andere das wirklich zugetraut haben. Meine Frau hat mir das zugetraut: Und ich bin stolz darauf! Morgen fahre ich mit meinen Kegelfreunden für fünf Tage ins Sauerland. Ich glaube, das habe ich mir verdient.«

»Meine Frau war immer die Stärkere«, hatte er damals gesagt. Mir war es, als habe er sich in dem zurückliegenden Jahr viel Kraft und Stärke von ihr »geborgt«. Doch ist wohl ein Teil der Stärke in ihm selbst. Das Versprechen hat eigene, verborgene Kräfte in ihm frei gemacht.

Tage später habe ich ihn angerufen. Er erzählte sehr angetan von seiner Fahrt mit den Kegelfreunden. Und er konnte sich daran freuen, daß es ihm gut gegangen ist.

Eine kleine Prise »Geschmack am Leben« ist zu ihm zurückgekehrt. War es am Anfang seiner Trauer das Versprechen, das ihn hatte überleben lassen, war da jetzt auch wieder ein eigener Wille, das Leben zu schaffen.

Hubert Böke

»*Meine Lebensgeschichte mit Dir*« – *Eine Einladung*

Erinnern und »Verinnerlichen« ist eine ständige Arbeit der Seele in ihrer Trauer. Hermann Hesse unterscheidet zwischen dem, was ein Mensch im Äußeren an »Totenopfer« vollzieht, und dem, was er im Inneren leistet. Es muß »... in unserer eigenen Seele vollzogen werden, durch Gedenken, durch genaueste Erinnerung ...«

Wir wollen Sie einladen, die seelische Arbeit des Gedenkens, des genauesten Erinnerns ganz bewußt zu tun – mit Hilfe eines Buches, das Sie selbst schreiben und gestalten.

Dazu schlagen wir Ihnen vor, sich ein gebundenes, unbeschriebenes Buch zu kaufen – es gibt heute eine Fülle schön eingebundener Tagebücher. Es sollte ein Buch sein, das auch in der äußeren Form der Bedeutung Ihres Erinnerns entspricht.

Unser Gedanke ist es, daß Sie als Autor bzw. als Autorin ein ganz persönliches Buch Ihrer gemeinsam erlebten Lebensgeschichte aufschreiben. Dabei muß es nicht beim geschriebenen Wort bleiben. Sie könnten Ihr Buch gestalten mit Fotos und Bildern, mit Gedichttexten etc. Vielleicht legen Sie auch Briefe aus Ihrer gemeinsamen Zeit ein – oder was immer für Sie dazugehört zu Ihrem Buch: »Meine Lebensgeschichte mit Dir.«

Einen großen Raum werden Ihre Erinnerungen an die »letzte Zeit« brauchen. Es ist wichtig, all die schmerzlichen Erinnerungen an Krankheit, Abschied und Tod nicht immer nur als ein nicht endenwollendes Kreisen in Herz und Kopf zu erleben, sondern sich von der Seele zu reden und zu schreiben, was Sie so sehr bewegt. Was ich zu Papier bringe, erlöst mich nicht von meinem Schmerz, aber es hilft, das »kreisende Chaos« der Empfindungen und Gefühle zu »sortieren« und darüber auch zur Ruhe kommen zu lassen.

Der Schweizer Maler Ferdinand Hodler (1853 – 1918) malte auf vielen seiner Bilder Valentine Godé-Darel. Eine Reihe ganz außergewöhnlicher Bilder entstand in den letzten vier Jahren ihres Lebens, in denen die Lebensgefährtin Hodlers an unheilbarem Krebs litt. Mit schmerzlicher Genauigkeit malte er den fortschreitenden Prozeß des »Vergehens«. Es ist die ihm gegebene Art, seine Liebe und Verehrung für seine Gefährtin auszudrücken.

Die Erfahrung vieler Trauernder ist es, daß vor ihrem inneren Auge für lange Zeit nahezu ausschließlich die Bilder der letzten Zeit, vor allem auch die Bilder des Sterbens Platz haben. Sie sind ganz tief ins Gedächtnis eingegraben. Länger noch dauert diese Zeit des fast ausschließlichen Erinnerns an den Abschied, wenn der Trauernde beim Sterben nicht an der Seite des geliebten Menschen sein konnte. Anstatt realer Bilder quälen oft schmerzliche Schreckensbilder und -phantasien. Auf dem Weg des »Wiederherstellens des geliebten Wesens im Inneren« (Hesse) muß die Seele offenbar immer und immer wieder diese Bilder erinnern und mit dem Erinnern den tiefen Schmerz fühlen.

Träume spiegeln oft diesen langen Weg vom Erinnern des geliebten Menschen als Sterbenden oder Verstorbenen zurück zu Bildern aus der gemeinsamen Lebensgeschichte »vor dem Abschied«. In ersten Träumen kommt der geliebte Mensch oft als der von Sterben und Tod Gezeichnete. Durch dieses »Nadelöhr« muß die Seele hindurch, bevor sie den wieder entdeckt, mit dem sie das Leben gelebt hat.

Auch hier sind Menschen in ihrer Weise des Trauerns sehr verschieden. Die einen können z.B. früh Fotos aus den Jahren des gemeinsamen Lebens anschauen, andere brauchen lange Zeit, um auch die »Lebensbilder« wieder ertragen zu können.

Wenn Sie Ihr Buch schreiben wollen, müssen Sie zunächst entscheiden, wo Sie einsetzten wollen: am »Anfang«, am »Ende« oder irgendwo »mittendrin«? Vielleicht fallen Ihnen die ersten Worte leichter, wenn Sie mit einem Brief an den geliebten Menschen beginnen. Vielleicht erzählen Sie – sozusagen als »Vorwort« – ganz einfach von Ihren heutigen Gefühlen und Empfindungen und auch von Ihrem Plan, ein solches Buch Ihrer gemeinsamen Geschichte zu schreiben.

Wo immer und wann immer Sie einsetzen, was immer das 1. Kapitel oder Vorwort Ihres Buches sein wird, es wird ein Buch mit vielen Kapiteln sein. Es wird erzählen von guten und erfüllten Zeiten, von glücklichen Tagen. Und es wird erzählen von schmerzlichen Erfahrungen und mühsamen Zeiten. Es wird wohl auch erzählen von den »zwei Gesichtern der Liebe«, vielleicht unter Überschriften wie: Zeiten, wo wir einander »Augapfel«, und Zeiten, wo wir einander »Zankapfel« waren.

Um das Arbeiten an Ihrem Buch überschaubar zu machen, empfehlen wir Ihnen, die einzelnen Lebensabschnitte oder Kapitel mit
Überschriften zu versehen.

Unser Gedanke ist es, daß Sie das Buch Ihrer gemeinsamen Lebensgeschichte für sich selbst schreiben. Zugleich aber ist es auf besondere Weise ein Gespräch mit dem geliebten Menschen, von
dem Sie haben Abschied nehmen müssen. Es mag aber auch sein,

daß Sie Ihr Buch irgendwann einmal einem vertrauten Menschen, vielleicht auch einem Begleiter Ihrer Trauer vorlesen bzw. zu lesen geben wollen. Es bleibt Ihre Entscheidung.

Es wird dieses Buch auch Zeit brauchen. Ein Teilnehmer unserer Trauerseminare zeigte uns ein solches Buch, das er selbst geschrieben und mit Bildern, Liedtexten und Gedichten gestaltet hatte. Es war die Arbeit eines Jahres. Er hatte das Buch immer wieder zur Seite gelegt. Wenn es wieder an der Zeit war, hat er weiter daran gearbeitet. Nach Jahr und Tag hatte er alle Buchseiten gefüllt, und auch in seinem Inneren hatte sich die seelische Arbeit eines Jahres zum Kreis vollendet.

Das Abschließen des Buches war für ihn nicht das Ende seiner Trauer: »Was wir miteinander erlebt haben, wird für mich niemals aufhören. Das hier ist unser Buch, und ich bin froh, daß ich es geschrieben habe – eigentlich haben wir es ja gemeinsam geschrieben. Und nur wir beide konnten es so schreiben. Was da jetzt geschrieben steht, steht geschrieben! Keiner kann uns das nehmen!«

Er konnte uns sein Buch nur unter Tränen zeigen. Aber er tat es auch mit einem gewissen Stolz. Sein Arbeiten an diesem Buch hatte ihm Türen zurück ins Leben geöffnet. Er machte wieder Pläne, er hatte wieder eine Vorstellung von seinem Leben.

Wenn Sie sich einlassen auf ein solches Buch, wird es auch für Sie schmerzliche Arbeit sein. Doch vertrauen wir darauf, daß Sie das Aufschreiben Ihrer Erinnerungen stärken wird, stärken vor allem in der Erfahrung, daß Ihr gemeinsames Leben, daß Ihre Liebe nicht verloren ist.

»Vermögen wir dies« – das Gedenken, das genaueste Erinnern –, »dann geht der Tote weiter neben uns, sein Bild ist gerettet und hilft uns den Schmerz fruchtbar zu machen.« (Hermann Hesse)

Hubert Böke, Lene Knudsen-Böke, Monika Müller

Meine Geschichte mit Dir

Heute war wieder solch ein Abend.

Die letzten Wochen war es mir so gut gegangen wie schon lange nicht mehr. Ich fühlte mich kräftig, zufrieden und ausgeglichen. Ich konnte in der Frühe ausgeruht aufstehen, konnte mein Tagewerk angehen, und es gab Stunden, da war mir Deine Nicht-Gegenwart nicht bewußt. Nur langsam, dachte ich, wird es sich abschwächen und sachter werden. Nur langsam wird die Qual der letzten drei Jahre vorübergehen, wird die lauernde Besetzung meines Gemütes durch den Schmerz nachlassen, wird die sehnsuchtsvolle Erinnerung an Dein trautes Gesicht verblassen.

Aber heute abend schlug die Trauer wieder unerwartet heftig zu. Schon im Schlafanzug saß ich auf der frühsommerlich warmen Terrasse, ein Glas von »unserem« Sancerre in der Hand, schaute in den dunklen Garten mit seinem Rosenüberfluß und hing meinen Gedanken nach. Mit dem Geschmack des Weines übermannte mich die Erinnerung und der Schmerz – ich hatte nicht damit gerechnet, daß es noch einmal so weh tun könnte.

Unsere Hochzeitsreise hatte uns an die Loire geführt. Wir waren ausgelassen und übermütig. Es gab nur uns und unsere junge Liebe. Alles, aber auch wirklich alles mochte ich an Dir. Ich konnte mir nicht vorstellen, daß ich je von Dir ablassen könnte, daß etwas an Dir mich ärgern oder gar anwidern könnte. Ich liebte Deine hellen Augen, Dein schon damals langsam dünner werdendes Haar, Deinen extravaganten, eleganten Kleidungsstil, Deine Gerechtigkeit in der Beurteilung anderer Menschen, Deine dunkle, etwas kehlige Stimme, Deine Treue zu Freunden, den winzigen, kaum merklichen Sprachfehler um den Buchstaben S, ja sogar Deine Schüchternheit, über tiefe, Dich bewegende Dinge nicht sprechen zu können. Manches Mal habe ich mir gewünscht, Du würdest Deine Liebe zu mir einmal mündlich ausdrücken, mir ins Angesicht aussprechen, aber das ging nicht, Du konntest sie nur schriftlich fassen, dann aber in zarte, poetische Worte bringen. Bis heute habe ich alles gesammelt, was mir von Dir zugedacht war, die Briefe, die ungezählten, aber auch die kleinen unsinnigen Zettel mit den selbstgemalten Bildchen und die Postkarten, die Du sogar von gemeinsamen Reisen in meinem Beisein an mich zuhause schriebst, weil ich so gerne Post bekam. Ein großer Wortkünstler warst Du, schriftlich.

Der Maitre unseres kleinen Hotels hatte uns diesen Wein empfohlen, dessen Namen wir nie gehört hatten, aus der Sancerre Rebe, und seinen besonderen Abgang erwähnt. Wir kannten uns in der Weinsprache nicht aus und alberten die ganzen Wochen über diesen Begriff, dem wir in unserer besonderen Situation eine erotische Bedeutung zusprachen.

Mit dem Weingeschmack im Mund warst Du wieder da. So nah wie nie, ich konnte Dich mit allen Sinnen empfinden an diesem Abend, mir war, als hörte ich Dein heiseres Lachen neben mir auf der dunklen Terrasse, als könne ich schemenhaft Dein scharf gewordenes Profil sehen, als vernähme ich das Schaben Deiner Füße – welche lästige Angewohnheit Deiner Parkinson-Erkrankung – auf den Terrakottaplatten. Und meine Sehnsucht schwemmte mich fort. Meine Tränen liefen unaufhörlich, ich hatte nur den einen dringlichen Wunsch, noch einmal, ein einziges und allerletztes Mal, in Deine Arme genommen zu werden und meine Wange an dem rauhen Sakkostoff zu reiben. Ich verhandelte. Ich bot an – wem bloß? –, das Haus zu verschenken, ein besserer Mensch zu werden, mein Erspartes einem guten Zweck zu stiften, nie, nie mehr die Unwahrheit zu sagen, auch nicht die kleinste, wenn er – wer bloß? – Dich noch ein allerletztes Mal zu mir ließe, jetzt, neben mir...

Mit dem Verstehen, daß Du gar nicht da sein konntest, weil Du ja seit drei Jahren auf unserem kleinen Stadtteilfriedhof begraben liegst, kam wieder die Angst, verrückt geworden zu sein. Ein halbes Jahr nach Deinem Weggehen – das andere Wort kann ich manchmal wegen seiner grausamen Endgültigkeit immer noch nicht sagen – bin ich auch schon einmal »durchgedreht«, so sagten jedenfalls die Kinder. Ich glaubte Dich überall zu sehen, roch an Deinen Kleidern, trug Deine Hausschuhe, streichelte Dein Kopfkissen, liebkoste Deinen Rasierpinsel, trug Dein zuletzt benutztes Taschentuch in meiner Handtasche, umarmte nachts Deinen Bademantel – ich, eine gestandene Frau von 62 Jahren, benahm mich wie eine Irre. Aber alles war noch ein Teil von Dir, und somit Labsal für meine zurückgebliebene, wunde Seele. Es war ja auch alles verrückt in meinem Leben, kein Stein mehr auf dem anderen, nichts kannte ich wieder, seit Du fort warst.

Und jetzt schon wieder diese Ein-Bildungen. Geht das denn nie vorüber? Werde ich so bis ans Ende leben müssen, wie ein Hund, der immer nur die Nase auf der Erde hat und die Spur schnuppernd sucht? Werde ich nie mehr eigenständig leben können, so wie vorher, bevor es Dich in meinem Leben gab? Da war ich doch auch nicht unglücklich. Oh, was hast Du bloß mit meinem Leben und aus mir gemacht? War das etwa liebevoll von Dir, mich so an Dich zu binden, zu ketten, und dann zu gehen, mich achtlos zurücklassen? Du hast es Dir leicht gemacht, bist fort aus der Unerträglichkeit Deiner Krankheit, bist aufgebrochen zu neuen Ufern, hast sogar gelächelt bei Deinen letzten Atemzügen. Und ich? Weißt Du überhaupt, was das heißt, alleine zu leben? Nein, Du hattest ja immer mich. Auch in Deiner gottverdammten Krankheit hattest Du mich. Als Du nicht mehr in die Stadt konntest mit Deinen lächerlichen Trippelschrittchen, als Deine Freunde nicht mehr zu uns nach Hause kamen, weil sie Deine unbewegte, steinerne Miene nicht deuten konnten, als Du Dich selbst nicht mehr leiden konntest, weil Du alles immerzu verschüttetest und fallen ließest, da hattest Du mich. Nie habe ich mich zurückgezogen, immer bin ich an Deiner Seite geblieben, habe Dir geholfen, habe alles klaglos ertragen. Und wer hilft mir jetzt? Wer hilft mir im Garten, wer macht die Bankgeschäfte, wen kann ich um Rat fragen bei der Steuer, wer ist bei mir, wenn ich mit den Handwerkern beim Renovieren verhandele, wer gibt mir Rat bei schwierigen Entscheidungen? War das Dein Treueversprechen am Altar?

Oh, Lieber, verzeih, es ist alles so schwer ohne Dich. Und es stimmt ja gar nicht, daß ich so klaglos gewesen sei. Wenn ich an so manche Nachlässigkeit denke, manche Härte, manches wenig behutsame Wort, treibt es mir die Schamröte ins Gesicht. Einmal hast Du mich gerufen, Dir einen neuen Rotbuschtee zu kochen, da der in der Kanne kalt geworden war, weil Du so schrecklich lange auf der Toilette brauchtest. Ich habe Dich bewußt warten lassen, ich war wütend auf diese Langsamkeit. Na warte, habe ich gedacht, warum soll ich mich denn immer beeilen. Ich habe mich sogar in der Küche hingesetzt und die Zeitung gelesen. Als ich Dir dann spät, sehr spät Deinen Tee brachte, hast Du mich verstohlen angeschaut, traurig, weil Du spürtest, daß Du mir an diesem Tag eine Last warst, lästig warst. Und ich konnte Deinen Blick nicht erwidern, so schuldig fühlte ich mich.

So schuldig fühle ich mich heute. Und als Du krank wurdest, als Dir klar wurde, daß Du nun rapide altern würdest, wurdest Du plötzlich so fremd, so komisch. Ich erinnere mich an diese merkwürdige Hose, viel zu jugendlich, viel zu eng, die Du Dir gekauft hattest. Und ein T-shirt mit Kapuze, Du mit Deinen 56 Jahren, dabei so dünn, der Schädel so klein, es sah einfach nur lächerlich aus. Und diese Gedanken, dieses Abschätzige bereue ich heute zutiefst, würde es gerne ungeschehen machen in meinem Herzen und meinem Kopf. Ich habe mit diesem inneren Belächeln Deine Würde kleingemacht, auch wenn Du es nicht bemerkt hast. Ich habe Deine innere Schönheit, Deinen Großmut, Deine Tapferkeit heruntergesetzt, und das hattest Du nicht verdient. Du wolltest einfach nur ein wenig an der Jugend teilhaben, einfach so tun, als griffe keine grausame Krankheit nach Dir, einfach ein bißchen drauflosleben.

Dabei hatten wir beide – und später wir vier – ein schönes, großes Leben miteinander all die Jahre. Neben den vielen Sorgen gab es immer die Zuversicht des Zueinandergehörens und des Vertrauens zueinander. Natürlich gab es Krisen, tiefe Krisen, wir beide wissen es. Es gab die schrecklichen zwei Jahre, die wir die Schwarzjahre nannten, in denen Du arbeitslos warst und wir nicht wußten, ob Du Deinen gelernten Beruf je wieder würdest ausüben können. Man hatte Deine Stelle wegrationalisiert, enttäuscht und wütend warst Du am Anfang, am Ende der zwei Jahre nur noch unendlich verzagt und mutlos, und wolltest nicht mehr leben. Sehr viel schlimmer als der Geldmangel war die gemeinsame Sorge, ob Du je wieder auf die Füße kommen würdest. Und Du hast es tatsächlich geschafft. Nicht nur, weil ich daran geglaubt habe mit aller unbedingten Liebe, zu der ich fähig war, sondern vor allem, weil Du letztendlich nicht aufgegeben hast, weil Du immer wieder aufgestanden bist. Zäh, geduldig, tapfer hast Du Dich nicht unterkriegen lassen und Dich unermüdlich den Anforderungen des Lebens und des Berufes immer wieder neu gestellt. Ich habe da nur Hochachtung vor.

Und weißt Du noch, als unsere Tochter so schwierig wurde im Heranwachsen, so gefährlichen Umgang pflegte, sich um keinerlei Schul- und Hausarbeit mehr kümmerte und immer wieder verkündete, eines Tages wäre sie einfach auf und davon nach Indien? Ich war krank vor Angst, sie könne das wahrmachen, wagte nicht mehr, aus dem Zimmer zu gehen, geschweige denn aus dem Haus. Vor lauter Sorge vernachlässigte ich alles, auch mich selber. Keiner wußte mir so gut, aufmerksam und teilnehmend zuzuhören wie Du, mich zu beruhigen, gleichzeitig aber auch sehr zart und liebevoll auf den Arm zu nehmen. »Gluckchen«, sagtest Du mehr als einmal, »Du kannst Küken nicht anbinden, auch nicht mit Liebe. Und sie wäre nicht meine und Deine Tochter, wenn sie nicht auch einen Funken Realitätssinn hätte. Und, was wir ihr bisher nicht an Lebenssinn und -kraft vermitteln konnten, das kriegen wir auch jetzt nicht mehr in sie herein.«

Diese Ruhe und Sachlichkeit fehlen mir so sehr in meiner Gefühlsbetontheit. Auch als ich dann einmal gehen wollte, Dich und die Kinder verlassen, mich »dem anderen« zuwenden wollte, weil mir mein Leben an Deiner Seite so wenig aufregend vorkam, da hast Du in dieser Ruhe gewartet, wie ich mich entscheiden würde. Keine Szene, keine Wutausbrüche, kein Abrechnen mit »Na gut, das können wir beide«. Du hast es, still und vertrauend auf die Festigkeit unserer Liebe, ausgesessen. Und das allein hat mich geheilt, das allein hat mir gezeigt, was ich an Dir hatte.

An Dir hatte? Oh, Lieber, was ich noch immer an Dir habe und haben werde. Diese Zeit, die wir miteinander verbrachten, nimmt mir niemand fort. Ich habe dies tief und fest in mir » ver-innert «. Auch keine nachlassende Erinnerung, auch nicht die Nacht einer Demenzerkrankung – das hast ja gerade Du mir gezeigt auf wunderbare Weise – kann mir unser Leben und Dich wegnehmen, selbst der Tod nicht. Was Du mir warst, das bist Du mir auch heute: Lebensquell und Liebesbrunnen. Und in den dunklen, verzagten Stunden meines Lebens, auch in denen der düsteren Trauer um Dich, spüre ich lebendig Deinen Aufstehmut und Deine Aussitzkraft. Dies hilft mir, mit dem Leben zurechtzukommen. So bist Du bei mir, immerzu und immerdar, auch wenn Du nicht neben mir sitzt oder liegst. Vielleicht meint man dies, wenn man von der Liebe sagt, daß sie größer sei als der Tod.

Ich danke Dir für unser Leben.

(einem Trauererleben nachempfunden von)

Monika Müller